FENG SHUI

PASO A PASO

FENG SHUI
PASO A PASO

T. RAPHAEL SIMONS

Manual práctico para armonizar el hogar
habitación por habitación

OCEANO AMBAR

Título original: *Feng Shui Step by Step*
© T. Raphael Simons, 1996
This translation published by arrangement
with Clarkson Potter, a division of Random House, Inc.

ɷ ɷ ɷ ɷ ɷ ɷ ɷ ɷ ɷ

Diseño de cubiertas: Enric Iborra
Ilustraciones interiores: Laura de Castellet
Traducción: Marta García Crocket

ɷ ɷ ɷ ɷ ɷ ɷ ɷ ɷ ɷ

© Océano Grupo Editorial, S.A., 2001
Milanesat, 21-23 – Edificio Océano
08017 Barcelona (España)

ɷ ɷ ɷ ɷ ɷ ɷ ɷ ɷ ɷ

ISBN-13: 978-84-7556-034-2
Depósito Legal: B-42463-XLIII
Printed in the U.S.A. - Impreso en EE.UU.
01122031

ɷ ɷ ɷ ɷ ɷ ɷ ɷ ɷ ɷ

Dedicado a la memoria de Leon y Netty Simons ∎

AGRADECIMIENTOS

A Tao Chun, con quien estoy en deuda por ser el primero que me inició en este trabajo. También deseo expresar mis más sincero agradecimiento a Terry Lee, quien me enseñó la auténtica tradición Feng Shui; al Reverendo Yamamoto, el cual me reveló el sistema de las estrellas de la suerte; a todos mis alumnos, que me enseñaron a dar clases, y cuyas preguntas inspiraron este libro; a Sue Herner, mi agente, por su excelente consejo y sentido del humor; a Carol Southern, mi editora, cuya admirable intuición y sentido de la forma han hecho que el material de este libro sea inteligible y coherente; a Ingrid Marcroft, alumna y amiga, que leyó el manuscrito en el último momento e hizo una serie de valiosas sugerencias para clarificar más el texto; y finalmente a usted, querido lector, quien, al aplicar el material de este libro, estará contribuyendo de forma positiva a la concienciación ambiental.

ÍNDICE

CÓMO USAR ESTE LIBRO

Muchas veces acuden a mí personas que han intentado usar el Feng Shui para mejorar la disposición de su hogar, asombrados por lo que han leído sobre el tema. Me piden que conteste a sus preguntas y les explique las técnicas del Feng Shui de forma sencilla.

A pesar de que el Feng Shui es un arte complejo, no es difícil de entender cuando sus reglas y principios se explican de forma sistemática. El objetivo de este libro es exponer los principios y reglas de una manera práctica, paso a paso, para que pueda utilizar el Feng Shui de forma efectiva y segura para organizar su hogar de manera más propicia.

Puede que haya leído u oído que hay tres escuelas diferentes de Feng Shui –la de la forma, la de la brújula y la intuitiva. Esto es incorrecto. Sólo existe una escuela auténtica de Feng Shui, la cual deriva de la antigua tradición taoísta. Esta escuela abarca una amplia gama de técnicas que incluyen la astrología china, el uso de la brújula, los métodos de la forma, y las técnicas de adivinación.

El Feng Shui utiliza dos sistemas astrológicos chinos, el denominado *ba tzu*, u «ocho palabras», también llamado «los cuatro pilares», y el *jyo hsing*, o «nueve estrellas», que se denomina asimismo «estudio del *chi*» o «método de la Estrella del Norte».

El *ba tzu*, que utilizo en mi práctica profesional, es una técnica sofisticada que no resulta fácil para la mayoría de los occidentales, ya que requiere saber leer y trabajar con el calendario lunar chino y con un gran número de caracteres chinos. Este libro, en su lugar, utiliza el *jyo hsing*, o la astrología de las nueve estrellas, una técnica igualmente efectiva que también utilizo en mi trabajo.

Las nueve estrellas es el horóscopo más antiguo que se conoce. Fue desarrollado originariamente por Fu Si, el primer rey de China, en el cuarto milenio a.C. Debido a su sencilla y lógica naturaleza, he podido organizar el material de las nueve estrellas en unas tablas de fácil consulta que encontrará en los siguientes capítulos. La astrología de las nueve estrellas no debe ser subestimada. Es un sistema fundamental de la ciencia taoísta y es utilizado tanto por los especialistas como por los eruditos no profesionales de Feng Shui de China y Japón.

Con relación a la astrología de las nueve estrellas, hay una serie de «métodos brújula» que expongo en forma de tablas. Los «métodos brújula» le ayudarán a alinear muebles como su cama, su silla preferida, o el escritorio, de modo que pueda disfrutar de buena salud, prosperidad y bienestar general. Cuando se familiarice con estos métodos y los ponga en práctica –juntamente con las pautas que presento para organizar las diferentes habitaciones y áreas de su hogar– se dará cuenta de los enormes beneficios que este arte profundo puede reportarle.

Asimismo, también se describe el auténtico sistema de colores Feng Shui. Este sistema consta de tres partes:

■ Sus colores personales, derivados de su horóscopo chino.

■ El uso de los colores que confieren armonía a la persona y a su espacio.

■ El uso de los colores para equilibrar la energía del espacio en sí, independientemente de quien viva en él.

Para utilizar este libro necesitará unas cuantas fotocopias del plano de su casa o piso, un péndulo y una brújula.

El plano no tiene que ser exacto, pero debe ser suficientemente correcto. Si no dispone de una copia del plano original del arquitecto, puede dibujar un sencillo plano en un papel cuadriculado. Si no quiere tomar las medidas de la casa y las distintas habitaciones con una cinta métrica, simplemente mida con sus pasos la longitud y el ancho de cada espacio, calculando unos 90 cm por cada paso. Para su mayor comodidad, dibuje el plano en un folio.

El péndulo es esencialmente un peso que está suspendido de un hilo o cadena ligera. Puede ser de cualquier forma o material mientras se balancee y gire con libertad. Cualquier persona puede fabricarse uno con una simple cuenta de cristal y un hilo o cordel. Personalmente, prefiero un péndulo de cobre que sea perfectamente simétrico. Este tipo de péndulos se pueden adquirir en la mayoría de librerías esotéricas. El peso del hilo de una caña de pescar también puede servir. Un péndulo para trabajar en espacios interiores, donde no corre demasiado el aire, puede ser pequeño y ligero. Los péndulos para el exterior deben ser más pesados. Encontrará las instrucciones completas sobre el uso del péndulo en el Capítulo 25.

Para leer una brújula de forma correcta, sitúese justo delante de la dirección que de-

SUR-Fama y reputación-Fuego
Objeto: luces (cualquier tipo de luz eléctrica, vela o fuego).
Por qué: las luces, utilizadas universalmente en casa, y que significan energía yang, también simbolizan Fuego, el elemento de la fama y reputación.
Dónde: las luces pueden instalarse de distintas formas en el sector Sur, en cualquier habitación de la casa y también en el jardín. Pueden estar colgadas del techo, puestas en la pared o colocadas encima de una mesa. Cuando utilices luces en el sector Sur asegúrate de que la base y la lámpara sea blanca, amarilla (elemento Tierra) o roja (elemento Fuego). No utilices el azul (elemento Agua) porque el agua destruye el Fuego, según el Ciclo de los Cinco Elementos.

SUDESTE-Riqueza y prosperidad-Madera pequeña
Objeto: fuentes de agua.
Por qué: La Aspiración al bienestar y prosperidad está representada por el Elemento madera. Aplicando el Ciclo de los Elementos que indica que el Agua produce Madera, colocar una fuente de agua en el Sudeste de una casa, una habitación o un jardín puede atraer la suerte de la abundancia.
Dónde: pon una fuente en el Sudeste del estudio, la sala de estar o el jardín. No se recomienda que las características del Agua se utilicen en el dormitorio.

SUDOESTE-Amor y matrimonio-Tierra
Objeto: pares simbólicos de temas como por ejemplo dos corazones o velas. Si son rojos, mucho mejor.
Por qué: el color rojo simboliza la pasión y también está asociado con el elemento Fuego que, en el Ciclo de los elementos, produce Tierra, el elemento que domina el matrimonio y la felicidad amorosa.
Colocar dos objetos juntos significa una pareja feliz. Un objeto simboliza estar solo, y tres o más simbolizan mucha gente involucrada en una relación, posiblemente incluso amorosa.
Dónde: en principio colocar dos velas o dos corazones rojos en el área del Sudoeste del dormitorio activará el matrimonio y la felicidad amorosa. Deben colocarse también en el sector Sudoeste de la sala de estar.

ESTE-Familia y Salud-Madera grande
Objeto: plantas con hojas redondas, especialmente la planta del dinero.
Por qué: para que los miembros de tu familia estén sanos y libres de enfermedades, se recomienda que la Aspiración a la familia y la salud en el sector Este de una habitación o de la casa se active por medio de plantas saludables, porque las plantas son símbolo de Tierra, el elemento que gobierna esta Aspiración.
Dónde: coloca la planta del dinero en el sector Este de cualquier habitación de la casa, especialmente en la sala de estar.

OESTE-Hijos y creatividad-Metal pequeño
Objeto: estatuas metálicas, aparatos eléctricos (por ejemplo TV y música).
Por qué: las televisiones y los aparatos de música son un elemento Metal que está asociado con el sector que representa a los niños. Utilizar objetos metálicos en el sector oeste de la casa aumenta las posibilidades de los niños de conseguir logros (o buena suerte) en sus estudios.
Potenciar esta área también sirve si estás pensando tener hijos.
Dónde: coloca tu TV y aparatos de música en el sector Oeste de la sala de estar. Si pones aparatos eléctricos (yang) así en cualquier otra habitación, especialmente el dormitorio, crearás mal feng shui al tiempo que producirás una superabundancia de energía yang.

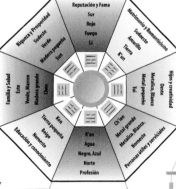

NOROESTE-Educación y conocimiento-Tierra
Objeto: cristales -pisapapeles de cristal de cuarzo natural, amatista o vidrios emplomados hechos a mano.
Por qué: la Aspiración de la educación y el conocimiento, que está asociada a la suerte en los estudios, está gobernada por el Elemento Tierra. Si alguien de tu familia está estudiando, coloca objetos Tierra, como los cristales, en el sector del Noroeste ya que pueden acumular chi de forma eficaz para beneficiar los estudios. Como los cristales vienen de lo profundo de la superficie de la Tierra, son excelentes fuentes de suerte.
Dónde: concentra la energía en la esquina noreste del estudio o de la habitación en la que se halle el escritorio del estudiante para llevarle suerte. Coloca el escritorio en la esquina del Noreste de la habitación con un cristal en la esquina noreste del escritorio.

NORTE-Profesión-Agua
Objeto: una pecera o algo parecido con agua.
Por qué: el Elemento dominante del sector de la profesión es el Agua. Potenciar esta área poniendo una pecera con peces en una combinación de ocho o dos peces de colores y uno negro son números simbólicos y de buen auspicio. El movimiento de los peces crea abundante chi y excelentes condiciones para atraer la suerte en la profesión.
Dónde: coloca la pecera en el sector Norte de tu sala de estar o estudio pero evita en lo posible poner agua en el dormitorio. No hace falta que sea una pecera enorme, porque un exceso de agua puede "inundar" tus proyectos.

NORESTE-personas útiles y serviciales-Metal grande
Objeto: carrillón metálico hueco.
Por qué: para atraer amigos y consejeros influyentes, activa el sector noreste de tu casa. Esta área representa la Aspiración de las personas útiles y serviciales y está asociada con el elemento Metal. Los carrillones metálicos emiten atractivos sonidos y tintineos que permiten al chi aumentar y circular por la casa, creando buena fortuna.
Dónde: atrae la suerte de las personas útiles y serviciales colgándolos cerca de la puerta principal (si está situada en el Noreste) o en el sector Noroeste del jardín, del estudio o de la sala de estar.

Diagram central (bagua):
Reputación y Fama / Sur / Rojo / Fuego / Li
Matrimonio y Romanticismo / Sudoeste / Amarillo / Tierra / K'un
Riqueza y Prosperidad / Sudeste / Verde / Madera pequeña / Sun
Hijos y creatividad / Oeste / Metálico, Blanco / Metal pequeño / Tui
Familia y Salud / Este / Verde, Marrón / Madera grande / Chen
Personas útiles y serviciales / Noroeste / Metálico, Blanco / Metal grande / Chi'en
Educación y conocimiento / Noreste / Beige / Tierra pequeña / Ken
Profesión / Norte / Negro, Azul / Agua / K'an

sea conocer. Mantenga la brújula delante de usted. Gire la brújula hasta que el extremo norte de la aguja señale la letra N del anillo de acimut (el anillo de acimut es el anillo de grados —norte, este, sur y oeste— que está impreso en la placa de la brújula). El extremo norte de la aguja está marcado con una «N». El campo magnético de la Tierra hace que este extremo de la aguja señale siempre el polo norte magnético. Para encontrar su posición, simplemente lea la dirección y el grado que tenga ante usted en el anillo de la brújula.

A medida que avance en los siguientes capítulos, tendrá que consultar las tablas astrológicas chinas en función de su fecha de nacimiento y anotar sus datos. Estas sencillas tablas le serán de gran ayuda para disponer su hogar de forma armoniosa.

Puede escribir sus datos personales en el recuadro de la página de la derecha o en una hoja de papel aparte. Si no vive solo, trace varias columnas verticales para los datos de las demás personas. Acto seguido, introduzca la información tal como se indica.

Para disfrutar y sacar provecho de este libro, es imprescindible leerlo capítulo por capítulo. No vaya saltando de uno a otro. El material está presentado paso a paso. Tómese el tiempo que necesite para asimilar el material. A medida que amplíe sus conocimientos sobre el Feng Shui, podrá trabajar de forma más creativa y personal.

Deseo de todo corazón que aprenda a utilizar el maravilloso arte del Feng Shui para transformar de forma efectiva su entorno, beneficiar su salud y despejar el camino para lograr sus objetivos en la vida.

DATOS PERSONALES

YIN/YANG

- Constitución física ....
- Profesión ....
- Necesidades ambientales correspondientes ....

ESTACIÓN DE NACIMIENTO CHINA

- Elemento correspondiente ....
- Significación para su entorno personal ....

NÚMERO DE LA ESTRELLA DE NACIMIENTO

- Dirección correspondiente ....
- Las otras direcciones en el espacio que están en
  armonía con su estrella de nacimiento ....
- Pautas de decoración correspondientes
  (líneas, diseños, formas y colores) ....

DIRECCIÓN DE LA PUERTA DE ENTRADA

- Armonía o discordia entre su estrella de nacimiento
  y la dirección de su puerta ....
- Color que armoniza con su estrella de nacimiento
  y la dirección de su puerta ....

ESTRELLAS MUTUAMENTE ARMONIOSAS
(PARA LOS QUE VIVEN JUNTOS)

- Direcciones espaciales correspondientes ....
- Decoración correspondiente ....

ESTRELLAS DE LA SUERTE

- Direcciones espaciales correspondientes ....
- Colores específicos correspondientes ....
- Formas y patrones correspondientes ....

ENTENDER EL CHI

PRIMERA PARTE

CAPÍTULO 1

EL CIELO, LA TIERRA Y EL SER HUMANO

La alineación y el equilibrio son el núcleo y la esencia del Feng Shui.
Ambos tienen un significado interno y externo para sus practicantes.

S e dice que, en la antigüedad, el Feng Shui sólo se practicaba interiormente, y que allá donde iba el especialista, el mundo se llenaba de alegría y contento. Pero en los últimos milenios, a medida que la vida se ha vuelto más complicada y el mundo ha caído en manos de la discordia y el conflicto, se ha hecho necesaria la aplicación exterior del Feng Shui.

El Feng Shui tiene dos premisas y dos niveles de práctica. La primera premisa es que el estado mental y la energía de la persona influyen en su entorno para bien o para mal. La segunda premisa es que el entorno incide en el estado interno de la persona.

En la práctica, el nivel interno incluye técnicas de concentración como los principios del *I Ching* (o *Libro de las Mutaciones*), la meditación, y el *chi kung* (un sistema de ejercicios interiores para promover la salud y la curación). El nivel más externo consta de las técnicas del horóscopo, la brújula, así como las de la forma y la adivinación.

El nivel interno y externo son como las dos caras de una misma moneda. Son a la vez inseparables e interdependientes. Para ilustrarlo mejor, miremos una imagen llamada «los tres poderes coordinados». Los tres poderes coordinados son el Cielo, la Tierra y la Persona. El Cielo se corresponde con el tiempo. La Tierra se corresponde con el espacio.

La relación humana con el Cielo y la Tierra constituye el nivel externo. Los horóscopos están calculados para determinar nuestra relación con el Cielo.

Los métodos de la brújula y la forma, basados en los mismos principios que los del horóscopo, se utilizan para determinar y ajustar nuestra relación con la Tierra.

Comprender cómo se relacionan entre sí los principios del Cielo y la Tierra –cómo se equilibran e interactúan mutuamente, y cómo pueden conjugarse armónicamente en la persona– constituye el nivel interno.

Los principios del Cielo y la Tierra son el padre y la madre de todos los fenómenos. El hombre utiliza los principios del Cielo y la Tierra para bien o para mal. Cuando vivimos en armonía con nuestra naturaleza esencial y permitimos que los principios del Cielo y la Tierra interactúen libre y espontáneamente a través de nosotros, nuestro entorno se vuelve armonioso e irradia energía vital. Por el contrario, si perdemos el verdadero carácter de nuestra naturaleza esencial y abusamos de los principios del Cielo y la Tierra, nuestro ambiente quedará sumido en la confusión y la discordia. En palabras de Chuang Tzu, «Si tienes el Tao, no hay efecto que no pueda producirse, si lo pierdes, no hay efecto que pueda tener lugar».

ejercicio

Éste es uno de los primeros ejercicios de Feng Shui que aprendí. Es un método excelente para aplicar simultáneamente los enfoques interno y externo y darnos cuenta del espacio que nos rodea. Deje que se convierta en algo natural para usted.

Para empezar, puede sentarse o permanecer de pie en el espacio. Su posición debe ser equilibrada y relajada. Respire lenta y naturalmente. Concéntrese y deje volar poco a poco sus pensamientos. Limítese a estar en el espacio sin ideas preconcebidas sobre él. Acto seguido, pasee por el espacio durante un rato. Tome conciencia de sus reacciones e impresiones intuitivas. ¿Dónde hay más energía? ¿Dónde hay menos energía? ¿Dónde es poderosa la energía? ¿Dónde es débil? ¿Dónde es positiva? ¿Dónde es negativa? Hágalo en diferentes espacios; con un poco de práctica le resultará muy fácil.

CAPÍTULO 2

EL *CHI*

El chi *a veces se describe como la respiración cósmica, o el principio vital.*

Es la esencia de los principios del Cielo y la Tierra, del tiempo y del espacio, y por tanto de todos los fenómenos relacionados; es la fuerza del cambio y la transformación. El *chi* se refleja en el recorrido de los astros en el firmamento, en los ciclos de las estaciones y del tiempo, en las ondulaciones de la tierra y en las mareas del mar, en nuestros cambios corporales, en las emociones y pensamientos, así como en los cambios de fortuna que experimentamos. Todo respira y se mueve de acuerdo con él. Todo procede de él, existe a través él, y retorna a él.

El ciclo del *chi*, de aparición y desaparición, afecta a todas las cosas, incluso a una piedra. Aunque al hombre la piedra le parezca inalterable, en la eterna andadura del universo aparece y desaparece en un instante. Como Chuang Tzu muy bien dijo: «A una rana de un pozo no se le puede hablar del mar, se encuentra confinada en los límites de su espacio. A un insecto de verano no se le puede hablar del hielo, no conoce nada más allá de su propio tiempo».

Dado que el *chi* es la respiración cósmica, el cosmos, o universo, es el que respira. La ciencia taoísta considera que el cosmos es un ser orgánico lleno de vida, por lo que a veces se representa como un gran dragón que corre a través del tiempo, el espacio, el Cielo y la Tierra.

El dragón simboliza el espíritu de la fertilidad y la nutrición. Como tal, emerge de las profundidades del mar y se eleva hacia el cielo. Está presente en las nubes tormentosas y en el relámpago. Su voz es el trueno. Cae en picado sobre la Tierra cuando llueve, y se alza en abundantes cosechas.

Como símbolo de la antigua China imperial, también representa la creatividad, la abundancia y la sabiduría.

Los especialistas en Feng Shui, llamados «gente dragón», o *lung jen* en chino, ven el entorno como una expresión del *chi*. En-

tienden los principios de su generación y destrucción, y conocen los secretos de su transformación.

El *chi* tiene tres fases: *sheng*, *si* y *sha*. Sheng significa movimiento ascendente, o creciente; si significa agonía, o movimiento menguante; y *sha* indica energía negativa.

SHENG CHI

Un lugar tiene *sheng chi* cuando es fresco y luminoso, los animales están sanos y la gente es próspera y feliz. También cuando tiene vistas a un bonito parque, jardín, bosque, montañas, campo, río, lago, o el mar. Usted tiene *sheng chi* cuando siente una aspiración positiva. La luna acercándose a llena es *sheng*.

SI CHI

Un lugar tiene *si chi* cuando está ruinoso y descuidado, si la tierra está agotada y la vegetación es pobre, los animales están enfermos, y la gente es débil y pobre. Tenemos *si chi* cuando estamos deprimidos. La luna acercándose a nueva es *si*.

SHA CHI

Tenemos *sha chi* cuando estamos extremadamente enfadados. Un lugar tiene *sha chi* cuando lo percibimos extraño o peligroso. El *sha* procede de condiciones negativas, tanto de encima como de debajo del suelo. El *sha* subterráneo a veces recibe el nombre de «rayos nocivos», y el de encima de tierra, «flechas secretas».

Los rayos nocivos debilitan la energía y provocan enfermedades. En un lugar bajo la influencia de este estado, puede que se sienta fatigado o nervioso sin motivo aparente. Una casa construida sobre un suelo estancado, alrededor de la cual el aire es pesado, es un ejemplo de este tipo de lugar. Una casa construida sobre una cueva subterránea sería otro ejemplo. (Encontrará más ejemplos, así como curas para este estado, en el Capítulo 25).

Las flechas secretas son estados molestos que se originan encima de tierra. Atacan a los nervios y dan lugar a enfermedades, relaciones personales problemáticas, y problemas profesionales y económicos.

Las flechas secretas repercuten negativamente en una casa si una carretera o una corriente de agua circula directamente hacia alguna de sus puertas o ventanas, o se aleja de ellas (*fig. 1*), si se halla al final de un cruce en forma de «T» (*fig. 2*), si la casa está al final de un callejón sin salida o si está situada de forma que la esquina de otro edificio da directamente a la puerta o ventanas (*fig. 3*), o bien si la puerta da simultáneamente a la arista de otro edificio y a un descampado (*fig. 4*).

(*fig. 1*)

(*fig. 2*)

(*fig. 3*)

(*fig. 4*)

También hay flechas secretas si existen objetos afilados que apuntan a la puerta o ventanas, si la puerta de entrada está en línea con una asta de bandera o una farola, si la puerta o ventanas dan directamente a un tejado inclinado; si al otro lado de la calle hay un edificio en estado ruinoso, si hay un árbol muerto o moribundo delante de la puerta o ventanas; si las vías del tren o el tendido eléctrico pasan por delante de la vista de la puerta o ventanas, si la casa está rodeada de estructuras como autopistas, puentes, edificios grandes o antenas altas; si hay una comisaría o parque de bomberos, una armería, un casino, o algún otro lugar cuya actividad sea inusualmente molesta. Lo mismo ocurre si desde la puerta o ventana se divisa un hospital, una funeraria o un cementerio; si desde las ventanas se ven luces chillonas o carteles intermitentes de neón; o si en el vecindario hay mucho ruido o existe violencia.

(*fig. 5*)

(*fig. 6*)

(*fig. 7*)

(*fig. 8*)

Una montaña escarpada que se alza brusca-
mente (*fig. 5*), una montaña formada por te-
rrazas (*fig. 6*), una montaña inusualmente
redonda (*fig. 7*) o bien dentada (*fig. 8*) también envía flechas secretas. Cuanto más do-
mine la vista la montaña, más fuerte será su
efecto. Una montaña que se vea en el hori-
zonte lejano tiene un efecto muy inferior a
una que esté cerca.

Las flechas secretas también pueden producirse en el interior del hogar a causa del
diseño interior o la disposición del mobiliario. Estos casos, al igual que sus soluciones,
se comentan con detalle en la Segunda Parte del libro.

▤ *ejercicio*

1. *Sienta la calidad del* chi *de su casa y la de los demás. ¿Es* sheng *o* si*? Mire cuidado-samente a través de las puertas delantera y trasera, y de las ventanas. ¿Detecta alguna fuente visible de* sha*?*

2. *Cuando salga de paseo, tome nota de los estados del* chi*. Desarrolle su percepción mediante la observación de la vida vegetal, los animales y la gente. ¿El entorno tiene* sheng, si *o* sha chi*? ¿Puede encontrar calidades diferentes de* chi *en los elementos ambientales que están cercanos entre sí? Cuando practique Feng Shui, es importante que tenga en cuenta los condicionantes* chi *que rodean su casa.*

3. *Intente sentir la calidad de* chi *que emana del suelo. Relájese, respire tranquilamente y ponga la mente en blanco. Deje que el ojo de su mente se abra. Ponga atención a sus sensaciones. ¿Tiene algún tipo de impresiones? ¿De qué tipo? ¿Qué le sugieren? El* chi*, ¿es* sheng, si *o* sha*? No es indispensable que esté de pie sobre el suelo para sentir el* chi*. Los edificios altos actúan como amplificadores: el* chi *subterráneo irá aumentando a medida que suba (En el Capítulo 25 se exponen detalladamente varios métodos para determinar el* chi *subterráneo).*

CAPÍTULO 3

EL YIN Y EL YANG

El Yin y el Yang son las fases negativa y positiva del flujo cíclico del chi. Son el origen de la fuerza, el comienzo de todo; y puesto que constituyen los principios básicos que rigen el universo, son la causa de la vida y de la muerte.

Los chinos dicen que el Cielo es Yang y la Tierra es Yin. El Yang es activo y el Yin pasivo, y dado que la actividad culmina en descanso y el descanso culmina en actividad, el Yang se convierte en Yin y el Yin en Yang. Lo que se origina con el Yang es recibido y completado por el Yin. Son inseparables, el uno implica el otro. O como dice Lao-Tse:

Puesto que el ser y el no ser se engendran uno al otro; la dificultad y la facilidad se complementan entre sí; lo largo y lo corto, lo alto y lo bajo, se alternan sucesivamente; las notas musicales y los tonos se armonizan y se suceden mutuamente.

Yin y Yang son los aspectos del *chi* que se asocian a la constitución física de la persona, así como a la profesión y el hogar. Yang se contrae y produce densidad, gravedad, calor y actividad. Yin se expande y produce difusión, luminosidad, frío y reposo. La personalidad Yang es activa, dominante, concentrada y apasionada; la personalidad Yin es más completa, difusa, amable, tranquila y magnética.

YIN	YANG
Exterior	Interior
Alto	Bajo
Luminoso	Oscuro
Caliente	Frío
Fuego	Agua
Día	Noche
Primavera-verano	Otoño-invierno
Montaña	Valle
Esquina de la calle	Mitad de la manzana
Tiempo	Espacio

CONSTITUCIÓN FÍSICA

Desde el nacimiento, cada persona tiene una apariencia Yin o Yang. Para saber cuál es, mírese el rostro en un espejo mientras consulta las dos descripciones que vienen a continuación. Probablemente encontrará reflejadas en sus rasgos características de ambos tipos. Si no está seguro de cuál predomina, observe sus ojos. Si están juntos o hundidos, usted es Yang; en cambio, si están separados o tienden a saltones, es usted Yin.

EL TIPO YANG

Imagine que una línea divide su cara desde la frente hasta la barbilla. En el tipo Yang, los rasgos faciales se concentran alrededor de la línea central. Los ojos están juntos y hundidos y tienen forma alargada, las cejas se inclinan hacia el caballete de la nariz, la nariz es más o menos pequeña, posiblemente chata, los pómulos son fuertes y pronunciados, y la mandíbula inferior es grande y cuadrada; la boca es bastante pequeña, los labios son delgados, y las líneas de la cara parecen más verticales que horizontales. El tipo Yang tiene su origen en condiciones duras, como las que se dan en las latitudes extremas de la tierra, los climas extremados, y las regiones frías (Yin) y montañosas.

EL TIPO YIN

En el tipo Yin los rasgos faciales divergen del centro de la cara. Pueden tener una línea que divida en dos el rostro, dando lugar a dos marcados lóbulos en la frente, la punta de la nariz partida, los dientes delanteros separados y barbilla dividida; los ojos son grandes, están separados, y pueden ser saltones; las cejas están separadas e inclinadas, la nariz es larga o grande, los pómulos son poco pronunciados y la cara es alargada y afilada; la boca es grande y los labios carnosos, y las líneas del rostro parecen más horizontales que verticales. El tipo Yin es originario de condiciones suaves, como las que se dan en las latitudes tropicales, los climas templados y las áreas oceánicas.

PROFESIONES YIN Y YANG

Si es de constitución Yin, usted se expresa de forma natural a través de los pensamientos. Si es de constitución Yang, se expresará mejor a través de las acciones. No obstante, es posible que sea de constitución Yin y tenga una profesión Yang, o que sea de constitución Yang y tenga una profesión Yin.

Las profesiones Yin incluyen la investigación, el trabajo becario, la enseñanza, la escritura, y en general, todas las actividades que exigen un esfuerzo mental. Las profesiones Yang incluyen los negocios, las ventas, los viajes, los deportes, las artes escénicas, la ingeniería, la mecánica, las fuerzas armadas, la policía y, en general, todas las actividades al aire libre, o bien las interiores que requieren esfuerzo físico.

EL ENTORNO MÁS ADECUADO

Para escoger un entorno propicio hay que tomar en consideración dos cosas: la primera es que sea apropiado para su constitución física, y la segunda es que se adecue a su profesión. En el primer caso, debe escoger un entorno que le complemente. En otras palabras, necesita su opuesto. Por ejemplo, si su constitución física es Yang, su espacio por lo general debería ser Yin, y si su constitución es Yin, su espacio debería ser Yang.

En el segundo caso, debe escoger un entorno que sea indicado para su profesión. Por ejemplo, si su trabajo es Yang, debería tener un espacio Yang para estimular su actividad. Si su trabajo es Yin, debería tener un área Yin para favorecer la reflexión.

■ Si su constitución física y su profesión son Yang, su espacio debería ser predominantemente Yin con un área especial Yang.

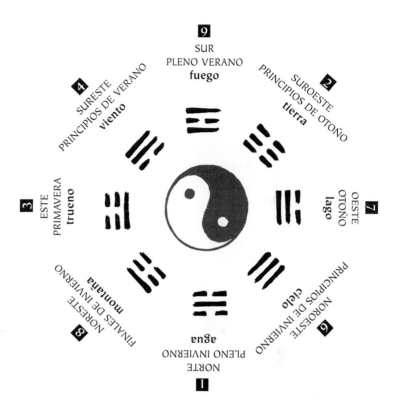

■ Si su constitución física es Yang y su profesión es Yin, su espacio debería ser mayoritariamente Yin.

■ Si su constitución física y su profesión son Yin, su espacio debería ser predominantemente Yang con un área especial Yin.

■ Si su constitución física es Yin y su profesión es Yang, su espacio debería ser mayoritariamente Yang.

Un entorno Yang tiene luz y colores cálidos y vivos, un entorno Yin tiene colores e iluminación fríos y relajantes. Los entornos Yang son muy estimulantes, y pueden estar en un piso alto o en la esquina de una calle. Los entornos Yin son relajantes, y pueden estar situados en una planta baja o en mitad de una manzana.

Esto debería servirle como base para determinar la disposición de su hogar. En la segunda parte del libro verá cómo esta información sobre el Yin y el Yang puede aprovecharse y modificarse de acuerdo con las necesidades específicas de cada habitación o área de su hogar.

ejercicio

1. *Estudie su cara según las descripciones de los tipos Yin y Yang. ¿Cuál es usted? ¿Qué le dice sobre sus necesidades ambientales?*
2. *¿Su profesión es Yin o Yang? ¿Qué le dice sobre las necesidades ambientales de su trabajo?*
3. *Escriba lo que descubre en su lista de datos personales.*
4. *Si vive con alguien, escriba también sus datos en la lista.*

CAPÍTULO 4

LOS CINCO ELEMENTOS

Además de las tres fases, sheng, si y sha, y de los dos aspectos, Yin y Yang; chi tiene cinco aspectos o elementos. Los cinco elementos son: Agua, Madera, Fuego, Tierra y Metal.

L os elementos actúan continuamente en la vida de la gente, pero dado que todos somos únicos, el peso especifico de cada elemento variará en función de la personalidad.

La descripción de estos elementos y sus correspondencias, tal como están expuestas en este capítulo, aporta una herramienta conceptual muy importante. Le ayudará a entender mejor su entorno y las sutiles repercusiones que tiene en su salud y profesión. Son la clave que conduce a la transformación científica del *chi* de su entorno. A medida que avance en el libro, irá aprendiendo cómo aplicarlo.

Los elementos se caracterizan por ser escenarios naturales, y poseen un gran número de correspondencias o atributos. En aras de una mayor claridad, enumeraré los atributos de cada elemento por separado. Cuando llegue a la sección correspondiente a su estación de nacimiento, escríbala en la hoja de datos personales, junto con su ele-mento correspondiente y lo que significa en su entorno personal.

AGUA

El Agua fluye. Se mueve a lo largo de una línea de mínima resistencia en su camino hacia el mar, donde va y viene en las mareas y las olas. Es portadora; limpia, refresca y favorece la vida.

Viajamos por encima y a través de ella. Los lugares donde abunda el Agua, cerca de mares, ríos, lagos, tierras pantanosas, y ciudades con canales como Amsterdam o Venecia, están bajo el dominio del Agua.

SU ESTACIÓN DE NACIMIENTO

La estación asociada al Agua es el invierno, el cual, según el calendario chino, va del 7 de noviembre al 4 de febrero. Si ha nacido en la estación del Agua, su personalidad tendrá un aspecto profundamente emocional. Probablemente sea sociable aunque, sin em-

bargo, también puede que oculte sus sentimientos más profundos. El entorno de su hogar debería proporcionarle suficiente intimidad y soledad.

ESTADOS MENTALES Y FÍSICOS

Los estados mentales positivos del Agua son la sabiduría, la inteligencia, la reflexión, la fuerza de voluntad y la ambición. Sus estados negativos son el temor, la inseguridad y la frialdad.

Los órganos internos y partes del cuerpo asociadas al Agua son los riñones, las glándulas suprarrenales, la vejiga, los órganos sexuales, la sangre, el sistema linfático, los huesos, la médula espinal, los dientes, los nervios, el cerebro y las orejas.

Los desequilibrios del Agua se asocian a problemas físicos y emocionales como enfermedades del riñón, problemas digestivos, edemas, inflamaciones, sepsis sanguíneas, trastornos metabólicos, presión arterial alta o baja, impotencia sexual, infertilidad, inflamación de las articulaciones, reumatismo, problemas dentales, fobias, nerviosismo, bloqueo emocional, depresión y letargo.

En la segunda parte del libro, encontrará instrucciones completas para equilibrar los elementos de su espacio para así potenciar su bienestar y favorecer el restablecimiento de cualquier dolencia.

PROFESIONES

Las profesiones que corresponden al Agua requieren investigación y diplomacia e incluyen el comercio, el transporte, negocios relacionados con la alimentación, té, café, licores, productos farmacéuticos, hipnoterapia, psicoterapia, masaje terapéutico, hidroterapia, así como todas las profesiones en las que interviene el Agua. En su vertiente negativa, ya que el Agua también fluye de forma subterránea, le corresponden las actividades del crimen organizado.

FORMAS Y COLORES

La forma básica del Agua es la ola. Sus relieves paisajísticos son ondulados (*fig. 9*), la forma de sus edificios es laberíntica, curvilínea y asimétrica. Los temas estilísticos del Agua en la decoración de interiores se componen de formas y diseños suaves y fluidos. Los colores del Agua son el negro y el azul marino.

(*fig. 9*)

TIEMPO, FLOR Y DIRECCIONES ESPACIALES

El tiempo que corresponde al Agua es el frío. La flor tradicionalmente asignada al invierno, la estación del Agua, es la del ciruelo, que simboliza larga vida.

La dirección espacial del Agua es el norte.

PARTES DEL HOGAR

En el hogar, el Agua se corresponde con la fontanería, el cuarto de baño, la sala de meditación y el estudio.

Una casa con la fontanería defectuosa u otros problemas relacionados con el Agua, como el deterioro de la sección norte, puede afectar negativamente a las áreas correspondientes a su bienestar físico y emocional, y obstaculizar el buen curso de sus asuntos profesionales y económicos.

MADERA

La Madera brota, es fuerte y flexible. Se dobla bajo la fuerza del viento y se adapta a los cambios de las estaciones. Sus raíces son profundas.

Cada año se llena de hojas, da flores y frutos dulces, y produce semillas para el futuro. Todos los bosques y selvas tropicales, así como las ciudades con rascacielos, están regidos por ella.

SU ESTACIÓN DE NACIMIENTO

La estación asociada a la Madera es la primavera, la cual, según el calendario chino, va del 4 de febrero al 5 de mayo. Si ha nacido en la estación de la Madera, usted será siempre optimista y joven de espíritu. Es impresionable y está lleno de ideas, y tiene el don de la perseverancia. Su hogar debería tener un lugar especial para sus libros, música, obras de arte, y un espacio donde pueda concentrarse, estudiar y crear.

ESTADOS FÍSICOS Y MENTALES

Los estados mentales positivos asociados a la Madera son la amabilidad, la amistad, la generosidad, el amor romántico, la habilidad para planificar y decidir, y la capacidad para coordinar y controlar. Su estado negativo es la ira.

Los órganos internos y partes del cuerpo asociados a la Madera son el hígado, la vesícula biliar, los músculos, los tendones, los ligamentos, las uñas, las manos, los pies, y los ojos.

Los desequilibrios de la Madera se asocian a alteraciones físicas como: problemas de hígado y de la vesícula biliar, visión deficiente, dolores de espalda, debilidad de los miembros, calambres, parálisis, irritabilidad, confusión, emociones y pensamientos reprimidos, miedo a quedar atrapado, e incapacidad para hacer planes y tomar decisiones.

(fig. 10)

PROFESIONES

Las profesiones asociadas a la Madera requieren planificación e incluyen el diseño arquitectónico y paisajístico, la decoración de interiores, el diseño de modas, la composición musical, la enseñanza, la escritura, la pintura, la fotografía, la iluminación y el cine.

FORMAS Y COLORES

La forma básica asociada a la Madera es rectangular y vertical. Sus relieves paisajísticos son empinados (*fig. 10*); por tanto, le corresponden edificios altos, relativamente estrechos, y de tejados planos; la decoración interior estará integrada por formas rectangulares y motivos geométricos. Los colores de la Madera son todos los verdes y azules a excepción del azul marino y el azul oscuro, que se asocian al Agua.

TIEMPO, FLOR Y DIRECCIONES ESPACIALES

El tiempo propio de la Madera es la lluvia. La flor tradicionalmente asociada a la primavera, la estación de la Madera, es la peonia, que simboliza el amor.

Las direcciones espaciales de la Madera son el este y el sudeste.

PARTES DEL HOGAR

En el hogar, la Madera se corresponde con la carpintería, así como con el comedor, la sala de música, las diferentes áreas de recreo, el estudio de arte, la biblioteca, y el despacho.

Una casa con una estructura débil, dañada o mal diseñada, o con otro problema relativo a la Madera, como desorden o deterioro en las secciones este o sudeste, puede repercutir negativamente en el estado físico y emocional del individuo y mermar su capacidad para hacer planes oportunos y tomar decisiones.

FUEGO

El Fuego brilla. Es caliente, seco y alegre. Tiene vida y energía. Las montañas rojas y serradas como las de Arizona, y los desiertos abrasadores como el del Sáhara se hallan bajo su influjo.

SU ESTACIÓN DE NACIMIENTO

La estación asociada al Fuego es el verano, el cual según el calendario chino va del 5 de mayo al 7 de agosto. Si ha nacido en la estación del Fuego, su personalidad tiene una vertiente pasional. Le encanta sobresalir y brillar en la vida. El amor es vital para su felicidad. También es posible que tenga inclinaciones artísticas. Su hogar debería ser bello y cálido, no necesariamente un lugar donde se reciban invitados sin cesar, ya que usted también ama su intimidad.

ESTADO MENTAL Y FÍSICO

Los estados mentales positivos del Fuego son la cortesía, el valor, la pasión, la alegría y el amor. Sus estados negativos son la hiperactividad, la confusión, la precipitación y la irreflexión.

Los órganos internos y partes del cuerpo asociados al Fuego son el corazón, el intestino delgado, la lengua, el «triple calentador» —el regulador del fuego digestivo y del calor de las regiones superior, media y baja del torso— y la función llamada «constrictora del corazón», la cual sustenta los sentimientos amorosos, protege el corazón y rige el sistema inmunitario.

Los desequilibrios del Fuego están asociados a problemas físicos y emocionales como la fiebre, enfermedades del corazón, presión arterial alta, mala circulación, frío en las extremidades, entumecimiento, tensiones neuromusculares, trastornos digestivos, malnutrición debida a una mala asimilación de la comida, problemas de visión, trastornos del habla, alteraciones emocionales y confusión, exceso o frialdad sexual, tristeza, y congoja debida a desencantos amorosos.

PROFESIONES

Entre las profesiones propias del Fuego están las bellas artes, el diseño de jardines, las ciencias médicas, la enseñanza, la ingeniería, las matemáticas, la electrónica, los ordenadores, la contabilidad, la cocina, y todas las profesiones que requieran el uso del fuego.

FORMAS Y COLORES

La forma básica del Fuego es triangular. Sus relieves paisajísticos son afilados, serrados y puntiagudos (*fig. 11*). Los edificios asociados a él tienen tejado inclinado o agujas, y la decoración interior está compuesta por diseños radiantes, arreglos florales y obras de arte. Los colores del Fuego abarcan desde los púrpuras oscuros hasta los rojos brillantes. El púrpura es a veces llamado el «corazón del fuego».

(*fig. 11*)

TIEMPO, FLOR Y DIRECCIONES ESPACIALES

El tiempo propio del Fuego es el calor. La flor que se asocia tradicionalmente al verano (la estación del Fuego) es el loto, que simboliza la productividad.

La dirección espacial del Fuego es el sur.

PARTES DEL HOGAR

En el hogar, el Fuego está relacionado con el sistema de calefacción, la chimenea y la encimera, así como la cocina, la sala de estar, el porche, el patio y el jardín.

Una casa con un sistema de calefacción o una encimera de mala calidad o defectuosa, u otros problemas relacionados con el Fuego, como el desorden o deterioro de la sección sur, pueden repercutir negativamente en el estado físico o emocional del individuo y mermar su rendimiento laboral.

TIERRA

La Tierra nos ofrece apoyo. Contiene a todos los demás elementos y es el centro, la base que sostiene y nutre la vida. Transforma a los organismos muertos en nuevas formas de vida. Es el gran receptáculo de la vida. La Tierra es sólida y receptiva, fértil, extensa, profunda, amplia y equilibrada. Las grandes llanuras, ricas en trigo y maíz, están gobernadas por ella. Personifica la perfección y el estado de ecuanimidad que da lugar al justo medio. Cuando practicamos la ecuanimidad nuestro mundo se equilibra y llena de vida. Por el contrario, cuando somos intolerantes y mezquinos, nuestro mundo se deteriora. Como Confucio señala en *La Doctrina del Medio*:

> *Cuando no sentimos placer, ira, pena, o alegría, se puede decir que la mente está en equilibrio. Cuando estos sentimientos son avivados y actúan de modo proporcionado, se origina lo que podría llamarse un estado de armonía. Este equilibrio es la raíz de la que crecen todos los actos humanos, y es, asimismo, el camino universal que todos deberían buscar. Cuando imperen el equilibrio y la armonía, un orden feliz prevalecerá en el Cielo y la Tierra, y todas las cosas tendrán alimento y florecerán.*

SU ESTACIÓN DE NACIMIENTO

No hay ninguna estación asignada a la Tierra. Todas las estaciones pertenecen a ella. Sin embargo, se dice que la Tierra se hace más fuerte al final del verano, lo cual según el calendario chino tiene lugar entre finales de julio y el 7 de agosto. Si ha nacido al final de la estación del Fuego, cuando la Tierra es más productiva, posee la capacidad de ayudar a los demás. Probablemente sea productivo, amable y digno de confianza. Su hogar, además de bello y cálido, debería ser especialmente confortable. Debe tener una cocina muy práctica, un comedor cómodo y un taller o área especial de trabajo.

ESTADOS MENTALES Y FÍSICOS

Los estados mentales positivos que se asocian a la Tierra, a parte de la ecuanimidad, son la verdad, la honradez, la paciencia, la comprensión, la compasión, la firmeza y la determinación. Su estado negativo es, sin duda, la preocupación.

Los órganos y partes del cuerpo que se asignan a la Tierra son: el estómago, el páncreas, el bazo, la musculatura y la boca.

Los trastornos físicos y emocionales derivados de los desequilibrios de la Tierra incluyen las enfermedades del estómago, páncreas y bazo, así como trastornos de la alimentación, problemas digestivos, obesidad, malnutrición, diabetes, hinchazón abdominal, pérdida de masa muscular, infertilidad, insomnio, nerviosismo, palpitaciones, ansiedad, confusión, inseguridad, así como la necesidad de llamar la atención, la avaricia y la soledad.

PROFESIONES

Las profesiones propias de la Tierra incluyen todo tipo de servicios: la construcción, los bienes raíces, la industria alimentaria, el marketing, la banca, las inversiones y la bolsa, la industria sanitaria, y todas las instituciones caritativas.

FORMAS Y COLORES

La forma básica de la Tierra es cuadrada. Sus relieves paisajísticos son amplios y llanos (*fig. 12*), sus edificios son grandes y cuadrados, y su decoración interior está integrada por superficies extensas y planas, formas cuadradas y motivos geométricos. Los colores de la Tierra abarcan desde los marrones hasta los naranjas y amarillos.

(*fig. 12*)

TIEMPO, FLOR Y DIRECCIONES ESPACIALES

El tiempo asociado a la Tierra es nublado y/o ventoso. Dado que la Tierra es más fuerte al final del verano, su flor es el loto, símbolo de la productividad.

Las direcciones espaciales de la Tierra son el centro, el sudoeste, y el nordeste.

PARTES DEL HOGAR

En el hogar, la Tierra se corresponde con el suelo, las paredes y demás elementos estructurales, además de la cocina, la despensa, el comedor, el taller y el sótano.

Una casa con el suelo, paredes u otros elementos de la estructura agrietados o en estado ruinoso, o con problemas relativos a la Tierra, como el desorden o deterioro de las zonas centro, sudoeste o nordeste puede mermar su bienestar físico o emocional, y entorpecer sus asuntos profesionales.

METAL

El Metal refuerza. Encarna la perfección de la Tierra. También es la gran inmensidad del cielo que nos envuelve como una cúpula. Corre a través de la Tierra en vetas. Es maleable y versátil, y se utiliza para fabricar monedas, campanas, cubertería, espejos, joyas, utensilios de cocina, máquinas, vehículos, materiales de construcción, cables, aparatos de comunicación u ordenadores, entre muchas otras cosas.

SU ESTACIÓN DE NACIMIENTO

La estación asociada al Metal es el otoño, la estación de las cosechas, la cual según el calendario chino va del 7 de agosto hasta el 7 de noviembre. Si ha nacido en la estación del Metal, puede que sea un poco perfeccionista. Tiene una fuerte personalidad y sabe aprender de la experiencia.

Puede que tenga intereses en el campo de la educación, la investigación y las ciencias espirituales. Su casa debería estar limpia y ordenada, y tendría que contar con una biblioteca bien surtida y un estudio tranquilo, un lugar donde pueda reflexionar.

ESTADOS MENTALES Y FÍSICOS

Los estados mentales positivos del Metal son la firmeza, la moralidad, la justicia y el sentido del orden. Sus estados negativos son la aflicción y la inflexibilidad.

Los órganos y partes del cuerpo que se corresponden con el Metal son los pulmones, el intestino grueso, la piel y la nariz.

Los desequilibrios del Metal se asocian a problemas físicos y mentales como enfermedades de los pulmones y del intestino grueso, problemas de piel, degeneración de las vértebras, bloqueos emocionales, melancolía e hipocondría.

PROFESIONES

Las profesiones propias del Metal requieren orden y precisión. Pertenecen al ámbito de la ley, la policía, el ejército, las telecomunicaciones, las computadoras, las artes, la fabricación de perfumes, la metalurgia, o la ingeniería mecánica y electrónica, entre otros.

FORMAS Y COLORES

Las formas básicas del Metal son redondeadas y ovaladas. Pueden observarse en los relieves curvilíneos del paisaje (*fig. 13*) y en construcciones como bóvedas y cúpulas. La decoración interior son formas y diseños suaves y redondeados. Los colores del Metal abarcan desde el gris al plateado y blanco.

TIEMPO, FLOR Y DIRECCIONES ESPACIALES

El tiempo propio del Metal es claro y benigno, como el aire de montaña. La flor tradicionalmente asociada al otoño, la estación del Metal, es el crisantemo, que simboliza la alegría.

Las direcciones espaciales del Metal son el oeste y el noroeste.

PARTES DEL HOGAR

En el hogar, el Metal se corresponde con la instalación eléctrica y telefónica, además de las cerraduras y otros dispositivos de seguridad. También se asocia con el estudio y la biblioteca.

Una casa con una instalación eléctrica o telefónica deficiente, sin la seguridad adecuada, o con otros problemas relacionados con el Metal, como el desorden o deterioro de las zonas oeste o noroeste, puede repercutir negativamente en su estado físico y emocional, y entorpecer el buen curso de sus asuntos profesionales.

(*fig. 13*)

LOS TRES CICLOS

Ahora que hemos visto los cinco elementos de forma separada, veremos cómo interactúan entre sí.

Los cinco elementos se relacionan entre sí de acuerdo con tres ciclos básicos: el ciclo de generación, el ciclo de destrucción y el ciclo de mitigación. En el primer cuadro podemos ver las características de los dos primeros.

Las interrelaciones entre estos ciclos pueden verse en la figura de la página derecha.

Los elementos que avanzan alrededor del círculo en el sentido de las agujas del reloj pertenecen al orden de generación, y los que recorren la estrella, al orden de destruc-

ción. Observe que el orden de destrucción siempre se salta un elemento. El elemento omitido sirve para mitigar el conflicto entre los elementos que tiene a ambos lados. Así pues, tenemos el tercer ciclo.

A continuación, veremos un breve ejemplo de cómo puede utilizarse el ciclo de mitigación: Si ha nacido en un año del elemento Madera, como 1952, y la puerta de su casa está orientada en la dirección del elemento Metal (oeste), debe decorar el área alrededor de la puerta de entrada con el color del elemento Agua (azul oscuro) para generar armonía. Este procedimiento y otros similares, están profusamente ilustrados en los siguientes capítulos.

CICLO DE GENERACIÓN	CICLO DE DESTRUCCIÓN
El Agua alimenta la Madera	El Agua apaga el Fuego
La Madera alimenta el Fuego	El Fuego funde el Metal
El Fuego genera la Tierra	El Metal corta la Madera
La Tierra crea el Metal	La Madera destruye la Tierra
El Metal retiene el Agua	La Tierra absorbe el Agua

CICLO DE MITIGACIÓN
El Agua mitiga el conflicto entre el Metal y la Madera
La Madera mitiga el conflicto entre el Agua y el Fuego
El Fuego mitiga el conflicto entre la Madera y la Tierra
La Tierra mitiga el conflicto entre el Fuego y el Metal
El Metal mitiga el conflicto entre la Tierra y el Agua

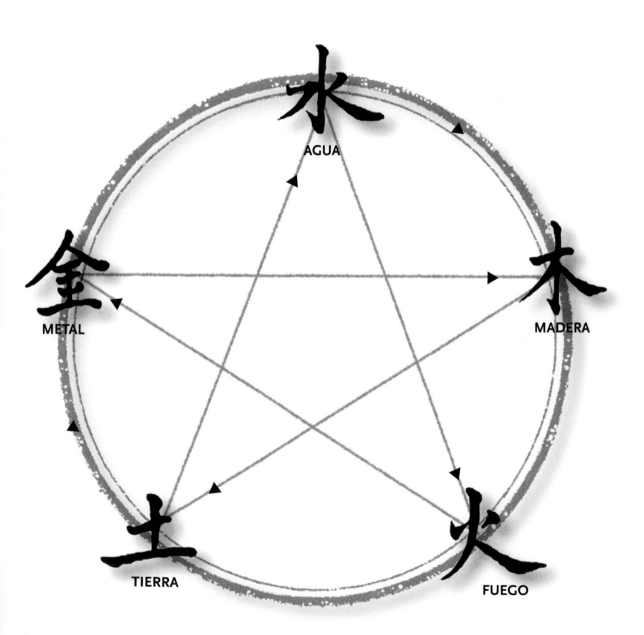

水
AGUA

金
METAL

木
MADERA

土
TIERRA

火
FUEGO

(fig. 14) Las interrelaciones de los ciclos

ejercicio

1. *Copie y/o aprenda de memoria la figura del círculo-estrella de los cinco elementos. Familiarícese con las secuencias de generación, destrucción y mitigación. A medida que avance en la lectura de este libro, comprobará que son esenciales para entender algunos de los procedimientos más importantes del Feng Shui.*

2. *Si vive en la ciudad, estudie las formas y colores de los edificios que ve desde su ventana. Mírelos uno por uno en orden consecutivo. ¿Qué elementos representan las formas y colores de cada edificio? ¿Están alineados en armonía o en discordia? Si hay dos edificios cuyos elementos están en discordia, ¿qué elemento añadiría para mitigarlo? ¿Qué color o forma debe tener el elemento mitigante? Puede colocar un objeto de ese color y/o forma en la ventana para que interactúe armoniosamente con los elementos exteriores discordantes. Por ejemplo, si su ventana da a un edificio rojo (Fuego) que está junto a otro de color blanco (Metal), podría poner en la ventana algo amarillo (Tierra), como flores, cortinas, una piedra o un objeto de cristal amarillo para mitigar la discordia.*

3. *Si vive en el campo, observe la vista desde las puertas y ventanas de su casa. Estudie el terreno. Fíjese en las formas y colores de los relieves del paisaje. ¿Qué elementos representan? Si parecen estar en relación discordante ¿qué elemento añadiría para mitigar la discordia? ¿Qué color o forma debe tener el objeto mitigante? ¿Puede poner algo de ese color o forma al lado de la puerta de entrada o ventanas para equilibrar los elementos exteriores discordantes?*

4. *Si aún no lo ha hecho, escriba en su hoja de datos personales su estación de nacimiento china, su elemento correspondiente y lo que eso significa para el entorno de su hogar. Por ejemplo, si nació en junio, nació en el verano chino, o estación del Fuego. Esto quiere decir que su hogar debería ser un lugar bello y cálido, un sitio encantador donde pueda recibir visitas y, además, gozar de intimidad. Si vive con otras personas, escriba también su estación de nacimiento, su elemento y lo que significa para su hogar.*

CAPÍTULO 5

LAS NUEVE ESTRELLAS

Hasta ahora ha visto cómo su constitución Yin o Yang, su profesión, y el elemento (Agua, Madera, Fuego, Tierra, Metal) de su estación de nacimiento influyen en su personalidad y en sus necesidades ambientales. Veamos ahora el sistema astrológico de las nueve estrellas, el cual proporciona una información más precisa sobre el horóscopo que los cinco elementos.

EL MAPA DE LOS ELEMENTOS

Las direcciones espaciales que se asignan a los elementos son: norte para el Agua; este y sudeste para la Madera; sur para el Fuego; nordeste, sudoeste y centro para la Tierra; y oeste y noroeste para el Metal. La figura de la derecha es un mapa de ejemplo.

Estas nueve direcciones espaciales son análogas a las nueve estrellas. A cada estrella se le asigna un número, un aspecto Yin o Yang, un elemento, y una dirección de la brújula, como puede verse en la tabla de las páginas siguientes.

Las estrellas se llaman: Estrella Agua 1, Estrella Tierra 2, Estrella Madera 3, etcétera. Según su fecha de nacimiento, usted vino al

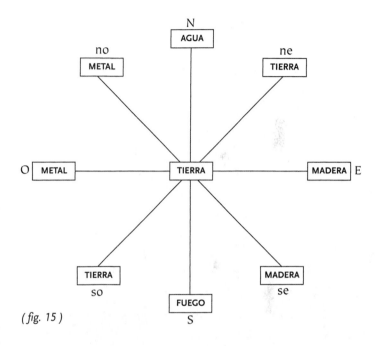

(*fig. 15*)

NÚMERO ESTRELLA	YIN/YANG	ELEMENTO	DIRECCIÓN BRÚJULA
1	Yin	Agua	Norte
2	Yin	Tierra	Sudoeste
3	Yang	Madera	Este
4	Yin	Madera	Sudeste
5	Yin/Yang	Tierra	Centro
6	Yang	Metal	Noroeste
7	Yin	Metal	Oeste
8	Yang	Tierra	Nordeste
9	Yang	Fuego	Sur

mundo bajo una de estas estrellas o aspectos del *chi*. El *chi* de su año de nacimiento es, por lo tanto, el *chi* de su carácter básico, el cual se expresa a través de su estrella/elemento y determina sus direcciones espaciales favorables.

Encontrará su estrella de nacimiento en las tablas que vienen a continuación. Por favor, fíjese en que los hombres y mujeres nacidos el mismo año tienen estrellas diferentes. Esto es debido a que la ciencia taoísta ve al hombre y a la mujer como espejos recíprocos, lo cual requiere que sus horóscopos

sean calculados de forma opuesta. Observe también que el año solar chino, utilizado en el cálculo de las nueve estrellas, empieza el 4 de febrero (o 15 grados de Acuario). Si su fecha de nacimiento es anterior al 4 de febrero, consulte el año anterior para encontrar su estrella. Por ejemplo, si usted nació el 3 de febrero de 1960, su estrella de nacimiento es la de 1959. Anote en la lista de datos personales: su estrella de nacimiento, su dirección espacial, las otras direcciones espaciales en armonía con ésta, y sus pautas decorativas correspondientes.

AÑO DE NACIMIENTO	ESTRELLA MASCULINA	ESTRELLA FEMENINA
1915	4	2
1916	3	3
1917	2	4
1918	1	5
1919	9	6
1920	8	7
1921	7	8
1922	6	9
1923	5	1
1924	4	2
1925	3	3
1926	2	4

AÑO DE NACIMIENTO	ESTRELLA MASCULINA	ESTRELLA FEMENINA
1927	1	5
1928	9	6
1929	8	7
1930	7	8
1931	6	9
1932	5	1
1933	4	2
1934	3	3
1935	2	4
1936	1	5
1937	9	6
1938	8	7
1939	7	8
1940	6	9
1941	5	1
1942	4	2
1943	3	3
1944	2	4
1945	1	5
1946	9	6
1947	8	7
1948	7	8
1949	6	9
1950	5	1
1951	4	2
1952	3	3
1953	2	4

AÑO DE NACIMIENTO	ESTRELLA MASCULINA	ESTRELLA FEMENINA
1954	1	5
1955	9	6
1956	8	7
1957	7	8
1958	6	9
1959	5	1
1960	4	2
1961	3	3
1962	2	4
1963	1	5
1964	9	6
1965	8	7
1966	7	8
1967	6	9
1968	5	1
1969	4	2
1970	3	3
1971	2	4
1972	1	5
1973	9	6
1974	8	7
1975	7	8
1976	6	9
1977	5	1
1978	4	2
1979	3	3
1980	2	4
1981	1	5
1982	9	6
1983	8	7
1984	7	8

AÑO DE NACIMIENTO	ESTRELLA MASCULINA	ESTRELLA FEMENINA
1985	6	9
1986	5	1
1987	4	2
1988	3	3
1989	2	4
1990	1	5
1991	9	6
1992	8	7
1993	7	8
1994	6	9
1995	5	1
1996	4	2
1997	3	3
1998	2	4
1999	1	5
2000	9	6
2001	8	7
2002	7	8
2003	6	9
2004	5	1
2005	4	2
2006	3	3
2007	2	4
2008	1	5
2009	9	6
2010	8	7
2011	7	8
2012	6	9
2013	5	1
2014	4	2
2015	3	3

Cada una de las nueve estrellas refleja una personalidad distinta, como veremos más adelante.

Están agrupadas, según los elementos, en el siguiente orden: Estrella Agua 1; Estrellas Madera 3 y 4; Estrella Fuego 9; Estrellas Tierra 2, 5 y 8; y Estrellas Metal 6 y 7. Donde hay dos o tres estrellas bajo un mismo elemento, encontrará primero una descripción básica de la personalidad de éste y después los rasgos de la personalidad de sus estrellas relacionadas.

En la descripción de cada tipo de estrella hay una lista de direcciones espaciales favorables que puede utilizar para alinear los muebles (por ejemplo, la cama). La técnica completa de alineación, no obstante, se comenta en la segunda parte del libro. Por favor, espere a leer la segunda parte antes de empezar a redistribuir sus muebles.

ESTRELLA AGUA 1

Es de naturaleza reservada, aunque parezca sociable. Tiene el don de leer la mente y obrar de forma encubierta. Aunque usted es normalmente tranquilo y reflexivo, en ocasiones actúa enérgicamente para salirse con la suya. Puede ser terco y obstinado, y al negarse a escuchar pone en peligro sus relaciones personales. Su capacidad para el amor es, sin embargo, profunda, y dispone de mucha energía sexual. Necesita una pareja que responda positivamente a sus pasiones y que, al mismo tiempo, entienda su necesidad de intimidad.

Puede ser temible e irritable si no cuenta con el espacio y tiempo que necesita para meditar. No obstante, si cultiva su inteligencia innata, se verán beneficiadas todas las personas a las que quiere, así como las actividades que desempeña con placer.

PROFESIONES

Su perfil es más adecuado para las profesiones que requieren dotes intelectuales que para las que implican esfuerzo físico, como por ejemplo: la escritura, la psicología, la investigación científica y financiera, el trabajo de detective y la farmacología. También puede servir para las ventas, el trabajo policial, la enfermería, los negocios de restauración y, en general, cual-

quier profesión en la que intervengan los lí-
quidos. Asimismo, puede desempeñar traba-
jos domésticos o no cualificados, sobre todo
si los hace como servicio espiritual.

COMPATIBILIDADES

Es muy compatible con la Estrella Madera 3,
la Estrella Madera 4, la Estrella Metal 6, la Estrella Metal 7 y la Estrella Fuego 9. Es moderadamente compatible con la Estrella Agua 1,
y menos compatible con la Estrella Tierra 2, la
Estrella Tierra 5 y la Estrella Tierra 8.

SALUD

Debe procurar siempre que su cuerpo no se
debilite. Puede tener problemas de adicción a
los medicamentos. Es usted muy sensible al
frío y necesita llevar mucha ropa de abrigo en
invierno. Es propenso a las enfermedades e infecciones de las glándulas suprarrenales, riñones, vejiga y órganos sexuales. Su tendencia a
ser impaciente e irritable puede causarle epi-
sodios de ansiedad y gran nerviosismo.

PAUTAS DECORATIVAS

Su hogar debería estar decorado con formas
rectangulares, líneas y diseños suaves y ondulados o redondos, y los colores del Metal, el
Agua y la Madera (blanco, plateado, negro,
azul marino, azul oscuro, azul claro y verde).

DIRECCIONES ESPACIALES

La Estrella Agua 1 se corresponde con el
norte. Las otras direcciones espaciales que
están en armonía con Agua 1 son el oeste,
noroeste, este y sudeste.

PIEDRAS, PLANTAS Y ASOCIACIONES

Las piedras del Agua son los guijarros negros, las piedras marinas, los corales y las piedras del lecho del río. Sus plantas son los
juncos, los lirios de agua, y todas las plantas
acuáticas o que necesitan mucha agua, como
los sauces, los alisos y los fresnos, además de
las plantas colgantes y enredaderas, y las flores de color casi negro.

Sus correspondencias simbólicas son el
corazón, la luna, el abismo, la lluvia, el hielo,
el barranco, el aislamiento, la discreción, el
embarazo, el peligro, los ladrones y el cerdo.

LA PERSONALIDAD BÁSICA DE LA MADERA

Hay dos estrellas Madera. Los siguientes atributos son aplicables a ambas. Sus diferencias específicas están descritas en el apartado de las estrellas individuales.

Su naturaleza es amable y práctica. De todos los modelos, el suyo es el más ético. Usted es muy decidido y tiene mucha habilidad para solucionar problemas. Asimismo, es sociable, vital y puede tratar muchas cuestiones complejas al mismo tiempo con buenos resultados. Tiene algo de visionario, le encanta hacer planes a largo plazo. Pero cuando el tiempo se le echa encima y surgen retrasos y complicaciones inesperadas, pierde la paciencia y se enfada. Cuando se encuentra demasiado estresado y necesita recuperarse, el lugar más adecuado para usted es el bosque o el mar.

PAUTAS DECORATIVAS
Su hogar debería estar decorado con formas rectangulares, líneas y diseños suaves y ondulados, hermosas composiciones florales y obras de arte. Sus colores son los del Agua, la Madera y el Fuego (negro, azules, verdes, rojos, rosas y púrpuras).

PIEDRAS Y PLANTAS
Las piedras de la Madera son azules y verdes, además de las piedras sobre las que crecen líquenes y musgo.

Sus plantas propicias son los árboles con flores, el bambú, los pastos, las plantas leguminosas, las flores azules, las plantas exuberantes, las trepadoras (como las fresas), y flores como las margaritas, ranúnculos, amapolas y anémonas.

ESTRELLA MADERA 3

Al igual que el inicio de la primavera se llena de brotes y flores, usted está lleno de sorpresas.

Su naturaleza es alegre, juvenil e ingenua. Es leal y capaz de dar amor y afecto desinteresadamente. La amabilidad es su mayor virtud y debilidad. Por su valentía, que algunos tachan de temeridad, tiende a rebasar sus límites y a enfrentarse a todo tipo de pruebas en la vida. Cuando está ofendido o sujeto a demasiada presión, tiende a derrumbarse. Quizá recurra a los gritos, pero, al igual que una tormenta, su enfado pasa pronto y el aire vuelve a ser limpio y fresco.

Tiene muchos planes y posee toda la energía del mundo para llevarlos a cabo. No obstante, es importante que compense sus períodos de actividad con períodos de descanso y reflexión serena.

PROFESIONES

Usted podría ser un buen escritor, músico, diseñador, pintor, fotógrafo, director de cine, profesor, informático, ingeniero electrotécnico, y demás profesiones en las que es necesaria la organización y la gestión. Podría trabajar muy bien como autónomo.

COMPATIBILIDADES

Es muy compatible con la Estrella Agua 1, la Estrella Metal 7, la Estrella Fuego 9, moderadamente compatible con la Estrella Madera 3 y la Estrella Madera 4, y menos compatible con la Estrella Tierra 2, la Estrella Tierra 5, la Estrella Metal 6 y la Estrella Tierra 8.

SALUD

Está usted dotado de una excelente coordinación, agilidad y fuerza. Cuide su hígado y la vesícula biliar. Evite los estimulantes, los fármacos y las grasas animales. Necesita períodos de reposo. Demasiada presión y estrés pueden, en el peor de los casos, causarle trastornos mentales y nerviosos.

DIRECCIONES ESPACIALES

La Madera 3 se corresponde con el este. Las demás direcciones espaciales que están en armonía con la Madera 3 son el norte, el sudeste, y el sur.

ASOCIACIONES SIMBÓLICAS

Truenos, despertar, actividad, progreso, ascenso, crecimiento rápido, primavera, flores, agitación, ruido, instrumentos musicales, sorpresas, el teléfono, la radio, el equipo de música, la televisión, la computadora, el dragón.

ESTRELLA MADERA 4

Al igual que el viento, necesita moverse y circular. Usted es flexible y sabe adaptarse a las nuevas situaciones. Tiene numerosos intereses. En usted hay algo de nómada, tiende a cambiar de residencia o de trabajo con bastante frecuencia, o a hacer dos o más cosas al mismo tiempo.

La comunicación es muy importante para usted, especialmente en sus relaciones sentimentales. Su capacidad para entender los diferentes puntos de vista hace que sea muy tolerante. Es usted amable por naturaleza y está dotado de una gran intuición. Vive en un mundo de ideas y concede gran valor a aprender y compartir información novedosa con sus amigos.

Tiende a preocuparse por el futuro y a estar plagado de dudas, con lo que cambia de opinión una y otra vez, aplaza decisiones

y echa a perder oportunidades. Su buena suerte depende en gran medida del tipo de compañías que frecuente.

PROFESIONES

Las profesiones adecuadas para usted son las del campo de la comunicación, diseño, fabricación de muebles, escritura, música, enseñanza, publicación, viajes, transportes, correos, diplomacia y las industrias de la madera y el papel.

COMPATIBILIDADES

Es muy compatible con la Estrella Agua 1, la Estrella Metal 6 y la Estrella Fuego 9, moderadamente compatible con la Estrella Madera 3 y la Estrella Madera 4, y menos compatible con la Estrella Tierra 2, la Estrella Tierra 5, la Estrella Metal 7 y la Estrella Tierra 8.

SALUD

Suele ser muy activo y vital, y necesita mucho aire fresco para mantenerse sano. Cuide sus pulmones e intestinos, así como sus defensas. Es usted muy susceptible a las infecciones que se transmiten por el aire.

DIRECCIONES ESPACIALES

La Estrella Madera 4 se corresponde con el sudeste. El resto de direcciones espaciales en armonía con la Madera 4 son el norte, el este y el sur.

ASOCIACIONES SIMBÓLICAS

El viento, viajar, avanzar y retroceder, el comercio, el transporte, el correo, las distancias, las llamadas telefónicas, los rumores, los pájaros, los aviones, el matrimonio, la grulla.

ESTRELLA FUEGO 9

Al igual que al sol, le encanta alzarse y brillar. Dado que el corazón del Fuego es oscuro y profundo, hay en usted algo de esfinge. Es usted imaginativo y sabe moverse en entornos bonitos donde abundan las cosas elegantes y caras. No obstante, debido a que a veces tiende a ser extravagante y vivir más allá de sus posibilidades, puede meterse en líos.

Tiene muchas amistades; sin embargo, hay pocas personas en las que confíe. Es posesivo y apasionado. La lealtad y la admiración por parte de la persona amada son esenciales para su felicidad y bienestar.

PROFESIONES

Hay muchas profesiones adecuadas para usted, con la condición de que sean creativas y

le permitan expresarse. Podría ser artista, novelista, actor, inventor, político, periodista, editor, diseñador de modas, esteticien, arquitecto u horticultor.

COMPATIBILIDADES

Usted es muy compatible con la Estrella Agua 1, la Estrella Tierra 2, la Estrella Madera 3, la Estrella Madera 4, la Estrella Tierra 5 y la Estrella Tierra 8, moderadamente compatible con la Estrella Fuego 9, y menos compatible con la Estrella Metal 6 y la Estrella Metal 7.

SALUD

Su salud está muy condicionada por sus emociones. Si se encuentra feliz y tiene amor, florece. Si le acosan los problemas, su digestión se resiente y puede padecer, asimismo, problemas de corazón, insomnio y trastornos mentales.

PAUTAS DECORATIVAS

Su hogar debería ser alegre y estar cálidamente decorado con formas rectangulares y cuadradas, vivas combinaciones florales junto con obras de arte, y debe tener los colores de la Madera, el Fuego y la Tierra (azul claro, verdes, rojos, rosas, púrpuras, marrones, beige y amarillos).

DIRECCIONES ESPACIALES

La Estrella Fuego 9 se corresponde con el sur. Las otras direcciones espaciales que se hallan en armonía con Fuego 9 son el este, el sudeste, el sudoeste y el nordeste.

PIEDRAS, PLANTAS
Y ASOCIACIONES SIMBÓLICAS

Las piedras del Fuego son rojas o púrpuras, y también son afiladas y puntiagudas.

Sus plantas favorables son aquellas que tienen flores rojas, púrpura y rosa, al igual que las de hojas rojas, el arce, el manzano, el brezo y el pimiento.

En general, sus asociaciones simbólicas son el sol, el verano, el relámpago, el descubrimiento, la iluminación, el ojo, el intelecto, la belleza, el talento, el conocimiento, la dependencia y el fénix.

LA PERSONALIDAD BÁSICA DE LA TIERRA

Hay tres estrellas Tierra. Los atributos que vienen a continuación son aplicables a las tres. Las diferencias entre ellas se explican más adelante.

En su naturaleza está proteger y sustentar la vida. Confía en sí mismo y es independiente, práctico y prudente. Es capaz de trabajar duro y hacer fortuna pacientemente. Sabe administrar eficazmente sus propios recursos y los de los demás, y le atraen los bienes raíces, la industria de la construcción, la medicina, la industria alimentaria, las finanzas, así como todas las actividades y servicios de naturaleza sólida. Es metódico, cuidadoso y detallista, y le disgusta hacer más de una cosa al mismo tiempo. Tiene mucha energía y resistencia.

En sus relaciones personales es sensible, constante, y suele ayudar a los demás, aunque al mismo tiempo es tímido y reservado. Puede ser muy comprensivo, y no le cuesta interrumpir sus actividades para ofrecer ayuda a los necesitados.

Es terco y se resiste al cambio. Sopesa detenidamente cada paso antes de actuar.

PAUTAS DECORATIVAS

Su hogar ha de ser muy cómodo y debe estar decorado con formas cuadradas, redondas y ovaladas. Es importante que cuente con superficies amplias, bellas composiciones florales y obras de arte. Le convienen los colores del Fuego, la Tierra y el Metal (rojos, rosas, púrpuras, marrones, beige, amarillos, blanco y plateado).

PIEDRAS Y PLANTAS

Las piedras correspondientes a la Tierra son marrones, amarillas y cuadradas, y su forma es ancha y plana.

Entre sus árboles y flores están el nogal, el fresno, los pinos y el laurel silvestre; todas las flores bulbosas como los tulipanes, lirios, narcisos, junquillos, y todas las flores amarillas y naranjas.

ESTRELLA TIERRA 2

Usted es receptivo y presta su apoyo a los demás; es amable, honesto y tiene buen corazón. Se ocupa naturalmente de las necesidades de los otros y suele terminar lo que ha empezado. Puesto que ésta es su virtud y su debilidad, debe procurar no ceder a las presiones de los que quieren aprovecharse de usted. Vive demasiado para los demás.

PROFESIONES

Destaca en profesiones de áreas como el servicio público, la asistencia social, el trabajo hospitalario, la enfermería, la agricultura, la construcción, los bienes raíces, la cocina, las antigüedades y la jardinería. Le resulta más fácil trabajar para un jefe que serlo. Su trabajo es muy efectivo en el seno de un grupo, ya que es muy servicial y se siente a gusto con los demás.

COMPATIBILIDADES

Cuando está enamorado, es atento y fiel. También es posesivo y celoso, y tiene un gran apetito sexual. Suelen atraerle las personas mayores que usted, o aquellas cuya personalidad es más fuerte que la suya.

Es muy compatible con la Estrella Metal 6, la Estrella Metal 7, la Estrella Tierra 8 y la Estrella Fuego 9, moderadamente compatible con la Estrella Tierra 2 y la Estrella Tierra 5, y, sin duda, menos compatible con la Estrella Agua 1, la Estrella Madera 3 y la Estrella Madera 4.

SALUD

Para tener buena salud debe moderar su alimentación. Es usted goloso por naturaleza, lo cual podría ser su perdición. Está expuesto a la diabetes, los problemas intestinales y a las alteraciones sanguíneas. Es muy importante que haga ejercicio, ya que tiende a ser demasiado sedentario.

DIRECCIONES ESPACIALES

La Estrella Tierra 2 se corresponde con el sudoeste. Las otras direcciones en armonía con Tierra 2 son el oeste, el noroeste, el nordeste y el sur.

ASOCIACIONES SIMBÓLICAS

El valle, la madre, receptividad, apoyo, paciencia, esfuerzo, frugalidad, resistencia, obediencia, granjeros, jornaleros, las masas, los campos, la pradera, vagones, hervidores de agua, ropa, la vaca.

ESTRELLA TIERRA 5

Aunque en apariencia es tímido y apacible, de todos los tipos de Estrellas, usted es el más testarudo y siempre quiere salirse con la suya. Todo es blanco o negro. Para usted es esencial ser dueño de sí mismo y tener el control de la situación. La clave para su bienestar es estar centrado. Si se permite el desequilibrio, o se desvía demasiado de su camino, cae. Puede afrontar grandes dificultades, si es necesario. Es usted un superviviente.

Puesto que la Estrella Tierra 5 es giratoria, su vida esta llena de virajes decisivos. También puede cambiar la vida de los que entren a formar parte de su mundo. Puede llevarse bien con todos y con nadie, según sea su estado de ánimo. Su objetivo es imponer su voluntad. Cuando no se acata su voluntad, tiende a ser suspicaz y pendenciero. Seguir a otros va en contra de su forma de ser, a menos que le resulte ventajoso. Sabe convertirse en líder y benefactor de la sociedad, y acepta de buen grado cualquier responsabilidad. Es muy leal a sus padres y puede ser el báculo de su vejez.

PROFESIONES

Tiene capacidad para trabajar en áreas como la sanidad, la administración, la política, las leyes, el clero, así como en cualquier actividad que implique autoridad.

COMPATIBILIDADES

Aunque parezca tímido e incluso frío, puede ser muy exigente en el amor, ya que necesita ser aceptado.

Es muy compatible con la Estrella Metal 6, la Estrella Metal 7 y la Estrella Fuego 9, moderadamente compatible con la Estrella Tierra 2, la Estrella Tierra 5 y la Estrella Tierra 8, y menos compatible con la Estrella Agua 1, la Estrella Madera 3 y la Estrella Madera 4.

SALUD

A pesar de ser de constitución fuerte, puede extralimitarse trabajando y acabar agotado.

Es aconsejable que combine el trabajo con el ocio. Debe cuidar el corazón, el sistema circulatorio, y el estómago.

DIRECCIONES ESPACIALES

La Estrella Tierra 5 se corresponde con el centro. Las direcciones espaciales que se hallan en armonía con la Tierra 5 son el oeste, el noroeste, el noreste, el sudoeste y el sur.

ASOCIACIONES SIMBÓLICAS

La estrella Polar, el emperador, un eje, una bisagra, el centro, la tortuga.

ESTRELLA TIERRA 8

A diferencia de la Estrella Tierra 2, que se siente a gusto cuando está con gente, usted se alza solo como una montaña. Es de naturaleza reservada. Antes de tomar una decisión, la pondera detenidamente. Tiene en cuenta los pormenores y los aspectos generales del asunto, y sopesa cuidadosamente los pros y contras; por tanto, una vez se ha decidido es improbable que cambie. Es honesto y perspicaz, e inspira confianza en los demás, ya que es capaz de asumir grandes responsabilidades.

PROFESIONES

Es trabajador y competitivo en los negocios, y puede erguirse, como la montaña, por encima de todos los demás. Puede destacar en el campo de los bienes raíces, la contabilidad, la banca, los negocios, la educación, la medicina, los servicios sociales, el clero, la arquitectura y la escultura. Gracias a su habilidad para atraer el dinero y ahorrar e invertirlo sabiamente, puede llegar a amasar una gran fortuna.

COMPATIBILIDADES

En el amor, usted es protector y leal, y trabaja duro para proporcionar seguridad y comodidad a su familia.

Es muy compatible con la Estrella Tierra 2, la Estrella Metal 6, la Estrella Metal 7 y la Estrella Fuego 9, moderadamente compatible con la Estrella Tierra 5 y la Estrella Tierra 8, y bastante menos compatible con la Estrella Agua 1, la Estrella Madera 3 y la Estrella Madera 4.

SALUD

Dado que tiende a llevar una vida sedentaria, corre el peligro de desarrollar enfermedades crónicas. Es muy importante que elimine de raíz cualquier posible dolencia. Debe alimentarse racionalmente y hacer

ejercicio regularmente. Es susceptible a las enfermedades digestivas e intestinales y a los problemas circulatorios.

DIRECCIONES ESPACIALES

La Estrella Tierra 8 se corresponde con el nordeste. Las otras direcciones en el espacio que están en armonía con la Tierra 8 son el sur, el sudoeste, el oeste y el noroeste.

ASOCIACIONES SIMBÓLICAS

Montaña, sendero montañoso, transición, quietud, vigilia, un vigilante, un monje, un cura, un sabio, puerta, apertura, cruces, herencia, nuevo inicio, el perro.

PERSONALIDAD BÁSICA DEL METAL

Hay dos Estrellas Metal. Los atributos que encontrará a continuación son aplicables a ambas. Las diferencias específicas se exponen más adelante.

Usted es esencialmente metódico y justo, y sabe de forma intuitiva lo que funciona y lo que no. Tiende a poner el listón muy alto, tanto para usted como para los demás, y se muestra bastante inflexible en cuanto a sus exigencias. Es fiel a sus ideales y está motivado. Tiene dotes de mando, sabe tomar decisiones y es un excelente comunicador, además de buen economista.

Cuando se enfrenta a dificultades se encierra en sí mismo, prefiriendo su propio criterio al consejo de los demás. Su firmeza puede hacer de usted una persona solitaria, y si se aísla, se volverá triste y melancólico. Es orgulloso hasta la médula. Por otro lado, debido a que aprecia la armonía y el equilibrio, sabe relacionarse con los demás y es muy leal y cariñoso en el amor.

PAUTAS DECORATIVAS

Su hogar debería ser elegante y ordenado. En general, la decoración debe estar integrada por formas y diseños cuadrados, redondos y ovalados, con superficies amplias, líneas onduladas, y los colores de la Tierra, el Metal y el Agua (amarillos, beige, marrones, blanco, plateado, negro, azul marino y azul oscuro).

PIEDRAS Y PLANTAS

Las piedras del Metal son blancas y grises, y su forma es lisa y redonda.

Sus plantas y flores incluyen todos los árboles frutales, los árboles que se vuelven rojizos en otoño, las flores blancas, los crisantemos, así como todas las flores otoñales.

ESTRELLA METAL 6

Como el cielo que envuelve la tierra, para usted es natural erigirse por encima de todo y de todos. De carácter idealista y ambicioso, aspira a los niveles más altos de desarrollo espiritual. Es directo e intuitivo, y puesto que tiene una visión global de las cosas, es capaz de leer el futuro. Es liberal y voluntarioso y, por lo general, no tolera las criticas. Su autoestima depende mucho de su habilidad para inspirar y guiar a los demás. Es un perfeccionista; se esfuerza en alcanzar sus objetivos y espera que los que le rodean hagan lo mismo.

PROFESIONES

Las profesiones adecuadas para usted son las del ámbito del gobierno, las leyes, la educación, el clero, el asesoramiento psicológico y social, la comunicación, la dirección comercial, los deportes, así como cualquier campo que represente un reto y sea competitivo, en el cual tenga la oportunidad de alcanzar una posición influyente en el mundo.

Su especial clarividencia y aptitudes naturales para la inversión y organización pueden servirle para hacer fortuna y llevar el bienestar y el progreso a su familia, amigos y comunidad.

COMPATIBILIDADES

Es sensible y se preocupa por los demás, además de poseer un fuerte sentido de lo correcto y lo incorrecto, por lo que a veces puede ser muy estricto y exigente, si no autoritario, con sus seres queridos.

Es muy compatible con la Estrella Tierra 2, la Estrella Madera 4, la Estrella Tierra 5 y la Estrella Tierra 8, moderadamente compatible con la Estrella Agua 1, la Estrella Metal 6 y la Estrella Metal 7, y bastante menos compatible con la Estrella Madera 3 y la Estrella Fuego 9.

SALUD

Puesto que es un gran trabajador, tiene que procurar no agotarse. Para preservar la salud, intente combinar el trabajo con el ejercicio y el descanso, y vigile asimismo su alimenta-

ción. Es vulnerable a las enfermedades pulmonares e intestinales, así como a las del corazón y el sistema nervioso.

DIRECCIONES ESPACIALES

La Estrella Metal 6 se corresponde con el noroeste. Las otras direcciones espaciales que están en armonía con Metal 6 son el sudoeste, el oeste, el norte y el noreste.

ASOCIACIONES SIMBÓLICAS

El cielo, el padre, el creador, el príncipe, la autoridad, la cosecha, el jade y el caballo.

ESTRELLA METAL 7

Es imaginativo y amigo de las diversiones. Le gusta entretener y que lo entretengan. Sus maneras son dulces y elegantes. Tiene encanto y sensibilidad, y sabe cómo influir en los demás. Es agudo, comunicativo y optimista, y un alegre compañero, tanto en los negocios como en el amor.

Tiene gran necesidad de amor, y es muy afortunado si tiene una pareja con quien comunicarse y compartir los placeres abiertamente. Usted es un artista del amor. Disfruta de lo más exquisito. Su pareja debería ser sociable como usted, y sus objetivos deberían

estar en sintonía con los suyos. Tiene un don natural para la negociación, lo cual les permitirá a usted y a su pareja vivir felices y en igualdad. El mundo tiene mucho que aprender de usted en este aspecto.

Si no tiene tanta suerte, e intenta entablar una relación con alguien que no sea tan sensible, o que no esté deseoso de abrirse, tarde o temprano se sentirá voluble y engañado. Tiene que procurar no confundirse, podría tardar mucho en volver a su camino. La clave para ello es cultivar la belleza y la autoestima, y ser sincero. Sea honesto consigo mismo. Necesita un amigo.

PROFESIONES

Las profesiones adecuadas para usted se hallan en áreas como el espectáculo, las artes, la comunicación, las relaciones públicas, la publicidad, las ventas, la enseñanza, la banca, la bolsa, así como en centros de turismo, hoteles, restaurantes y bares.

COMPATIBILIDADES

Es muy compatible con la Estrella Tierra 2, la Estrella Madera 3, la Estrella Tierra 5 y la Estrella Tierra 8, moderadamente compatible con la Estrella Agua 1, la Estrella Metal 6 y la Estrella Metal 7, y menos compatible con la Estrella Madera 4 y la Estrella Fuego 9.

SALUD

Dado que sus sentidos están muy desarrollados, necesita cultivar una estética muy refinada para preservar su salud. Ama los perfumes, los sabores delicados, el arte, la ropa de calidad y la buena música. El desenfreno en los placeres sensuales puede hacerle contraer enfermedades de la boca, dientes, estómago, intestinos, riñones y órganos sexuales.

DIRECCIONES ESPACIALES

La Estrella Metal 7 se corresponde con el oeste. Las demás direcciones espaciales que están en armonía con Metal 7 son el sudoeste, el noroeste, el norte y nordeste.

ASOCIACIONES SIMBÓLICAS

El lago, el flujo del agua, el placer, el ocio, la alegría, las fiestas, el vino, el baile, las canciones, la boca y la lengua, la hechicera, los amantes, la oveja.

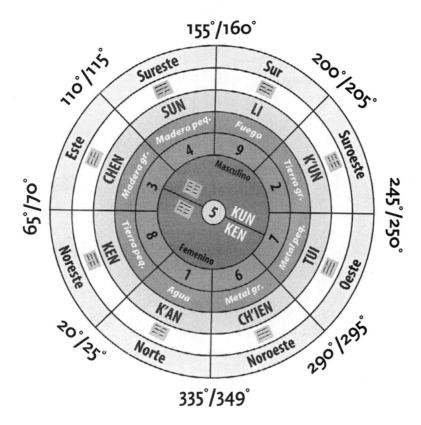

(fig. 16)

SU PUERTA DE ENTRADA

Ahora que sabe cuál es su estrella de nacimiento, comprobemos si ésta y el elemento de su puerta de entrada están en mutua armonía. De no ser así, veremos qué hay que hacer para alcanzarla.

Dado que su puerta de entrada está orientada hacia una de las ocho direcciones, se encuentra alineada, por tanto, con uno de los elementos correspondientes. El elemento de la dirección con la que su puerta está alineada es el elemento que rige su hogar.

ORIENTACIÓN DE LA PUERTA	ELEMENTO QUE LA GOBIERNA
Norte	Agua
Nordeste	Tierra
Este	Madera
Sudeste	Madera
Sur	Fuego
Sudoeste	Tierra
Oeste	Metal
Noroeste	Metal

Tome siempre la dirección de la puerta que separa su espacio del mundo exterior. Por ejemplo, si vive en un bloque de pisos, la puerta que cuenta es la de entrada a su apartamento, no la del edificio. Si tiene una casa, la puerta será la principal, es decir, la que utiliza normalmente. Si vive en una habitación de una casa o apartamento, será la puerta de su cuarto.

Para determinar el elemento de su puerta de entrada, deberá emplear una brújula. Al hacerlo, sitúese en la puerta, mirando hacia afuera. La dirección que marque la brújula indica el elemento de la puerta (véase *figura 15*).

Si no está seguro de la dirección en la que está, si es poco clara, o bien está entre dos direcciones, la *figura 16* le ayudará a determinarla.

En esta figura verá que el norte va de 337.30 a 22.30; el nordeste de 22.30 a 67.30; el este de 67.30 a 112.30; el sudeste de 112.30 a 157.30; el sur de 157.30 a 202.30; el sudo-este de 202.30 a 247.30; el oeste de 247.30 a 292.30; y el noroeste de 292.30 a 337.30.

Las siguientes tablas muestran la relación entre las ocho direcciones de la puerta y las nueve estrellas de nacimiento. También indican la armonía y discordia de las diferentes combinaciones y qué colores usar para promover la armonía.

Si su situación indica la necesidad de un color armonizador, puede:

■ Pintar la cara interior y/o exterior de la puerta.

■ Colgar un cuadro en una pared adyacente a la puerta.

■ Colocar una alfombra en el recibidor o área de entrada cercana a la puerta.

■ Colgar una guirnalda en la puerta.

DIRECCIÓN DE LA PUERTA	ESTRELLA DE NACIMIENTO	ARMONÍA/ DISCORDIA	COLORES ARMONIZADORES
Norte	1	Armonía	
	2	Discordia	Blanco
	3	Armonía	
	4	Armonía	
	5	Discordia	Blanco
	6	Armonía	
	7	Armonía	
	8	Discordia	Blanco
	9	Discordia	Azul o verde
Nordeste	1	Discordia	Blanco
	2	Armonía	
	3	Discordia	Púrpura o rojo
	4	Discordia	Púrpura o rojo
	5	Armonía	
	6	Armonía	
	7	Armonía	
	8	Armonía	
	9	Armonía	
Este	1	Armonía	
	2	Discordia	Púrpura o rojo
	3	Armonía	
	4	Armonía	
	5	Discordia	Púrpura o rojo
	6	Discordia	Negro o azul marino
	7	Discordia	Negro o azul marino
	8	Discordia	Púrpura o rojo
	9	Armonía	

DIRECCIÓN DE LA PUERTA	ESTRELLA DE NACIMIENTO	ARMONÍA/ DISCORDIA	COLORES ARMONIZADORES
Sudeste	1	Armonía	
	2	Discordia	Púrpura o rojo
	3	Armonía	
	4	Armonía	
	5	Discordia	Púrpura o rojo
	6	Discordia	Negro o azul marino
	7	Discordia	Negro o azul marino
	8	Discordia	Púrpura o rojo
	9	Armonía	
Sur	1	Discordia	Verde o azul
	2	Armonía	
	3	Armonía	
	4	Armonía	
	5	Armonía	
	6	Discordia	Amarillo
	7	Discordia	Amarillo
	8	Armonía	
	9	Armonía	
Sudoeste	1	Discordia	Blanco
	2	Armonía	
	3	Discordia	Púrpura o rojo
	4	Discordia	Púrpura o rojo
	5	Armonía	
	6	Armonía	
	7	Armonía	
	8	Armonía	
	9	Armonía	

DIRECCIÓN DE LA PUERTA	ESTRELLA DE NACIMIENTO	ARMONÍA/ DISCORDIA	COLORES ARMONIZADORES
Oeste	1	Armonía	
	2	Armonía	
	3	Discordia	Negro o azul
	4	Discordia	Negro o azul
	5	Armonía	
	6	Armonía	
	7	Armonía	
	8	Armonía	
	9	Discordia	Amarillo
Noroeste	1	Armonía	
	2	Armonía	
	3	Discordia	Negro o azul marino
	4	Discordia	Negro o azul marino
	5	Armonía	
	6	Armonía	
	7	Armonía	
	8	Armonía	
	9	Discordia	Amarillo

No sólo puede armonizar su estrella de nacimiento con la puerta de entrada, sino también con las demás puertas de su casa. Recuerde que para encontrar la dirección correcta de la puerta, debe mirar hacia afuera, no hacia adentro.

 *ejercicio*

1. *Si aún no lo ha hecho, introduzca en su lista de datos personales:*
   - *Su estrella de nacimiento.*
   - *La dirección espacial que le corresponde a su estrella de nacimiento.*
   - *Las otras direcciones espaciales que se hallan en armonía con su estrella de nacimiento.*
   - *Los temas decorativos (líneas y formas) y colores relacionados con su estrella de nacimiento.*

2. *Anote:*
   - *La dirección de su puerta de entrada.*
   - *La armonía o discordia entre su estrella de nacimiento y la dirección de su puerta.*
   - *El color para su puerta de entrada si su estrella de nacimiento y la dirección de la puerta no están en armonía.*

3. *Si vive con otras personas, anote:*
   - *Su estrella de nacimiento con sus correspondientes direcciones espaciales, temas decorativos y colores.*
   - *La armonía o discordia de su estrella de nacimiento con la dirección de la puerta de entrada.*
   - *El color para la puerta de entrada si su estrella de nacimiento no está en armonía con ella.*

CAPÍTULO 6

ESTRELLAS MUTUAMENTE ARMONIOSAS

U sted puede organizar y decorar su hogar de modo que todos los que viven allí encuentren apoyo y acomodo en función de las coordenadas de sus estrellas mutuamente armoniosas, como veremos más abajo.

Por ejemplo, si dos personas viven juntas, y una de ellas es Estrella Agua 1 y la otra Estre-lla Tierra 2, tiene en común las Estrellas Metal 6 y 7. Por tanto, pueden orientar la cama hacia el oeste o noroeste. Los colores blanco y plateado armonizan con ellos, y pueden completar la decoración de su casa con formas y diseños suaves, redondos y ovalados, que son los indicados para el Metal.

ESTRELLAS DE NACIMIENTO		ESTRELLAS MUTUAMENTE ARMONIOSAS
PERSONA 1	PERSONA 2	
1	1	1,3,4,6,7
1	2	6,7
1	3	1,3,4,9
1	4	1,3,4,9
1	5	6,7
1	6	1,6,7
1	7	1,6,7
1	8	6,7
1	9	3,4
2	2	2,6,7,8,9
2	3	9
2	4	9
2	5	2,6,7,8,9

ESTRELLAS DE NACIMIENTO		ESTRELLAS MUTUAMENTE ARMONIOSAS
PERSONA 1	PERSONA 2	
2	6	2,6,7,8
2	7	2,6,7,8
2	8	2,6,7,8,9
2	9	2,8,9
3	3	1,3,4,9
3	4	1,3,4,9
3	5	9
3	6	1
3	7	1
3	8	9
3	9	3,4,9
4	4	1,3,4,9
4	5	9
4	6	1
4	7	1
4	8	9
4	9	3,4,9
5	5	2,6,7,8,9,
5	6	2,6,7,8
5	7	2,6,7,8
5	8	2,6,7,8,9
5	9	2,8,9
6	6	1,2,6,7,8
6	7	1,2,6,7,8
6	8	2,6,7,8
6	9	2,8
7	7	1,2,6,7,8
7	8	2,6,7,8

ESTRELLAS DE NACIMIENTO		ESTRELLAS MUTUAMENTE ARMONIOSAS
PERSONA 1	PERSONA 2	
7	9	2,8
8	8	2,6,7,8
8	9	2,8,9
9	9	2,3,4,8,9

Si tres personas conviven en un mismo espacio, y la primera es Tierra 2, la segunda Madera 4 y la tercera Fuego 9, todas tienen en común la estrella Fuego 9. Así pues, los colores rojo y púrpura armonizarán con ellas, y su hogar puede decorarse con diseños luminosos, combinaciones florales coloridas y obras de arte, que son las correspondientes al Fuego.

Cuanta más gente viva en la casa, menos probabilidades tendrán de encontrar estrellas armoniosas entre ellas. Sin embargo, pueden disponer y decorar su hogar para acomodarlos a todos en función de las coordenadas del elemento que falta para completar el círculo de los cinco elementos.

Un ejemplo para cuatro personas que viven juntas. La primera es Estrella Agua 1, la segunda Estrella Tierra 2, la tercera Estrella Madera 3, y la cuarta Estrella Fuego 9. Si colocamos sus estrellas de nacimiento en una tabla, podemos encontrar fácilmente el elemento necesario para completar el círculo.

Si se fija, verá que los elementos representados por las cuatro personas –Agua, Tierra, Madera y Fuego– necesitan del Metal para completar el círculo. Por tanto, los co-

	AGUA 1	TIERRA 2	MADERA 3	FUEGO 9
Agua 1	■	Metal 6 y 7	Madera 4	Madera 3 y 4
Tierra 2		■	Fuego 9	Tierra 8
Madera 3			■	Madera 4
Fuego 9				■

lores, formas y diseños del Metal deberían acentuarse en su hogar.

Cuando varias personas viven juntas, también hay que mirar la estrella de nacimiento de cada una en relación con el elemento de la puerta de entrada. Si alguien no está en armonía con ella, para restablecerla habrá que añadir el color apropiado encima o cerca de la puerta.

ejercicio

Si vive con otras personas, escriba en su hoja de datos personales:

– Sus estrellas armoniosas comunes.

– Las direcciones espaciales que correspondan a sus estrellas armoniosas comunes.

– Los temas de decoración (líneas y formas) y colores relativos a sus estrellas armoniosas entre sí.

CAPÍTULO 7

SUS ESTRELLAS DE LA SUERTE: LA CLAVE DE SU ESTILO PERSONAL

Ahora que ha averiguado cuál es su estrella de nacimiento y entiende cómo actúa en el sistema de las nueve estrellas, puede llevar sus cálculos un poco más lejos y localizar con precisión sus estrellas de la suerte. Éstas le ayudarán a saber más sobre su estilo personal, ya que le indicarán sus direcciones espaciales y colores más favorables, así como las formas y los diseños más adecuados para usted.

Encontrará las estrellas de la suerte en la tabla que viene a continuación. Por favor, fíjese en que hay un cálculo para hombres y otro para mujeres. En ambos casos, se deberá tomar como referencia el año y mes de nacimiento.

Recuerde que el año solar chino empieza el 4 de febrero. Los meses no tienen nombre, sino que se les asignan números del 1 al 12. A continuación, encontrará sus equivalencias.

Para hallar los números de sus estrellas de la suerte, siga el siguiente procedimiento:

■ Busque el número de su estrella de nacimiento en su lista de datos personales.

MES CHINO	EQUIVALENCIA EN FECHAS OCCIDENTALES
1	Del 4 de febrero al 4 de marzo
2	Del 5 de marzo al 4 de abril
3	Del 5 de abril al 4 de mayo
4	Del 5 de mayo al 5 de junio
5	Del 6 de junio al 6 de julio
6	Del 7 de julio al 6 de agosto

MES CHINO	EQUIVALENCIA EN FECHAS OCCIDENTALES
7	Del 7 de agosto al 6 de septiembre
8	Del 7 de septiembre al 7 de octubre
9	Del 8 de octubre al 6 de noviembre
10	Del 7 de noviembre al 6 de diciembre
11	Del 7 de diciembre al 4 de enero
12	Del 5 de enero al 3 de febrero

■ Anote el mes chino en el que nació, tal como se muestra en la tabla anterior.

■ Busque y anote el número de su estrella del mes con las tablas que encontrará a continuación (una para hombres y otra para mujeres). Localice el número de su estrella de nacimiento a la izquierda de la tabla, y su mes chino en la parte superior de ésta. El número de su estrella del mes se encuentra donde coinciden la fila de estrellas de nacimiento y la columna de la estrella del mes.

■ Con el número de estrella de nacimiento y el de estrella del mes, consulte sus números de la estrella de la suerte en la siguiente tabla.

ESTRELLAS DEL MES PARA HOMBRES

MES CHINO		1	2	3	4	5	6	7	8	9	10	11	12
ESTRELLA DE NACIMIENTO	1 , 4 , 7	8	7	6	5	4	3	2	1	9	8	7	6
	3 , 6 , 9	5	4	3	2	1	9	8	7	6	5	4	3
	2 , 5 , 8	2	1	9	8	7	6	5	4	3	2	1	9

Por ejemplo, si usted es un hombre que ha nacido bajo la Estrella Agua 1 durante el primer mes chino, su estrella del mes es la Estrella Tierra 8.

Si en cambio es usted un hombre nacido bajo la Estrella Metal 6 durante el octavo mes chino, su estrella del mes es la Estrella Metal 7.

ESTRELLAS DEL MES PARA MUJERES

MES CHINO		1	2	3	4	5	6	7	8	9	10	11	12
ESTRELLA DE NACIMIENTO	5 , 2 , 8	7	8	9	1	2	3	4	5	6	7	8	9
	3 , 9 , 6	1	2	3	4	5	6	7	8	9	1	2	3
	4 , 1 , 7	4	5	6	7	8	9	1	2	3	4	5	6

Si usted es una mujer nacida bajo la Estrella Metal 7 en el séptimo mes chino, su estrella del mes es la Estrella Agua 1.

Recuerde que los elementos de las estrellas son Agua 1, Tierra 2, Madera 3, Madera 4, Tierra 5, Metal 6, Metal 7, Tierra 8 y Fuego 9. Ahora que ya conoce su estrella del mes, combínela con su estrella de nacimiento, utilizando la tabla que viene a continuación, y descubrirá sus estrellas de la suerte.

SUS ESTRELLAS DE LA SUERTE

ESTRELLAS DE NACIMIENTO	ESTRELLA DEL MES	ESTRELLAS DE LA SUERTE
1	1	3,4,6,7
1	2	6,7
1	3	4
1	4	3
1	5	6,7
1	6	7
1	7	6
1	8	6,7
1	9	3,4
2	1	6,7

ESTRELLAS DE NACIMIENTO	ESTRELLA DEL MES	ESTRELLAS DE LA SUERTE
2	2	5,6,7,8,9
2	3	9
2	4	9
2	5	6,7,8
2	6	5,7,8
2	7	5,6,8
2	8	5,6,7,9
2	9	5,8
3	1	4
3	2	9
3	3	1,4,9
3	4	1,9
3	5	9
3	6	1
3	7	1
3	8	9
3	9	4
4	1	3
4	2	9
4	3	1,9
4	4	1,3,9
4	5	9
4	6	1
4	7	1

ESTRELLAS DE NACIMIENTO	ESTRELLA DEL MES	ESTRELLAS DE LA SUERTE
4	8	9
4	9	3
5	1	6,7
5	2	6,7,8,9
5	3	9
5	4	9
5	5	2,6,7,8,9
5	6	2,7,8
5	7	2,6,8
5	8	2,6,7
5	9	2,8
6	1	7
6	2	5,7,8
6	3	1
6	4	1
6	5	2,7,8
6	6	1,2,5,7,8
6	7	1,2,5,8
6	8	2,5,7
6	9	2,5,8
7	1	6
7	2	5,6,8
7	3	1
7	4	1

ESTRELLAS DE NACIMIENTO	ESTRELLA DEL MES	ESTRELLAS DE LA SUERTE
7	5	2,6,8
7	6	1,2,5,8
7	7	1,2,5,6,8
7	8	2,5,6
7	9	2,5,8
8	1	6,7
8	2	5,6,7,9
8	3	9
8	4	9
8	5	2,6,7,9
8	6	2,5,7
8	7	2,5,6
8	8	2,5,6,7,9
8	9	2,5
9	1	3,4
9	2	5,8
9	3	4
9	4	3
9	5	2,8
9	6	2,5,8
9	7	2,5,8
9	8	2,5
9	9	2,3,4,5,8

ESCALA DE COLOR DE LA ESTRELLA DE LA SUERTE

Aquí hay una escala de color especialmente diseñada para trabajar con sus estrellas de la suerte. Utilice sus colores de la suerte para fijar su estilo personal. Los colores de la suerte son los siguientes:

ESTRELLA	COLOR
Estrella Agua 1	Blanco
Estrella Tierra 2	Negro
Estrella Madera 3	Verde jade
Estrella Madera 4	Verde
Estrella Tierra 5	Amarillo
Estrella Metal 6	Blanco
Estrella Metal 7	Rojo
Estrella Tierra 8	Blanco
Estrella Fuego 9	Púrpura

En primer lugar, anote en su hoja de datos personales los datos siguientes: su estrella o estrellas de la suerte, sus colores específicos, sus direcciones espaciales (norte para Agua 1, sudoeste para Tierra 2, este para Madera 3, sudeste para Madera 4, centro para Tierra 5, noroeste para Metal 6, oeste para Metal 7, nordeste para Tierra 8 y sur para Fuego 9), así como las formas y diseños correspon-

dientes (formas y diseños suaves, ondulantes y asimétricos para Agua 1, formas y diseños amplios, planos y cuadrados para Tierra 2, Tierra 5 y Tierra 8; formas y patrones rectangulares para Madera 3 y Madera 4; formas y diseños suaves, redondos y ovalados para Metal 6 y Metal 7; diseños luminosos, arreglos florales alegres y obras de arte para Fuego 9).

Aquí tiene algunos ejemplos de cómo se interpretan las estrellas de la suerte:

1. Un hombre nacido el 30 de mayo de 1964 tiene como estrella de nacimiento la Estrella Fuego 9 y como estrella del mes la Estrella Tierra 2. Por tanto, la Estrella Tierra 5 y la Estrella Tierra 8 son sus estrellas de la suerte. Las direcciones espaciales correspondientes a sus estrellas de la suerte son: el centro para Tierra 5 y el nordeste para Tierra 8; sus colores de la suerte son el amarillo y el blanco, y sus formas y diseños favorables son los amplios, planos y cuadrados, los correspondientes a la Tierra.

2. Una mujer nacida el 30 de mayo de 1964, tiene como estrella de nacimiento la Estrella Metal 6 y como estrella del

mes la Estrella Madera 4. Así pues, su estrella de la suerte es la Estrella Agua 1. La dirección espacial correspondiente a su estrella de la suerte es el norte; su color de la suerte el blanco; y sus formas y patrones favorables serán suaves, ondulantes y asimétricos, los correspondientes al Agua.

3. Un hombre nacido el 17 de julio de 1953, tiene como estrella de nacimiento la Estrella Tierra 2 y como estrella del mes la Estrella Metal 6. Por consiguiente, la Estrella Tierra 5, la Estrella Metal 7 y la Estrella Tierra 8 aparecen como sus estrellas de la suerte. Las direcciones espaciales correspondientes a sus estrellas de la suerte son el centro para Tierra 5, el oeste para Metal 7, y el nordeste para Tierra 8; sus colores de la suerte son el amarillo, el rojo y el blanco; y sus formas favorables son amplias, planas y cuadradas, y también las redondas y ovaladas, que corresponden a la Tierra y el Metal.

Para disponer y decorar su hogar según la combinación de sus estrellas de la suerte y las de las demás personas que viven con usted, compruebe si tienen algunas estrellas de la suerte en común. Si no es así, proyecte su espacio con sus estrellas armoniosas comunes, tal como se indica en el Capítulo 6. Podría ser que una de éstas también fuese para usted una estrella de la suerte.

▤ *ejercicio*

1. *Si aún no lo ha hecho, escriba en su lista de datos personales:*
   - *Su estrella o estrellas de la suerte.*
   - *Las direcciones espaciales correspondientes a sus estrellas de la suerte.*
   - *Los colores específicos para sus estrellas de la suerte.*
   - *Los motivos (formas y diseños) de decoración correspondientes a sus estrellas de la suerte.*
2. *Si vive con más personas, anote sus estrellas de la suerte juntamente con sus direcciones espaciales correspondientes, sus colores específicos y sus temas de decoración más pertinentes.*

Antes de tomar la decisión definitiva sobre la combinación de colores y la alineación de la cama y otros muebles, espere a terminar la segunda parte del libro. Por favor, no se salte páginas.

CAPÍTULO 8

LA FORTUNA DE SU PUERTA

*La puerta es importante ya que es indicativa
de lo que usted experimenta cuando vive en su hogar.*

S i desea descubrir lo que su puerta presagia, basta con combinar su estrella de nacimiento con la dirección de su puerta. Recuerde que la dirección de su puerta de entrada es la que marca la brújula cuando está de espaldas al interior de su casa.

Utilice la tabla de combinaciones de puerta y estrella de nacimiento que viene a continuación para encontrar su fortuna. Ésta viene indicada por el número donde coinciden la columna horizontal, Puerta, y la vertical, Estrella. Por ejemplo, si su puerta está orientada hacia el este y su estrella de nacimiento es el 6, tendría que leer la imagen 21 de las fortunas que vienen a continuación.

COMBINACIONES DE PUERTA Y ESTRELLA DE NACIMIENTO

ESTRELLAS DE NACIMIENTO		1	2	3	4	6	7	8	9
ORIENTACIÓN DE LA PUERTA	Norte	1	2	3	4	5	6	7	8
	Nordeste	9	10	11	12	13	14	15	16
	Este	17	18	19	20	21	22	23	24
	Sudeste	25	26	27	28	29	30	31	32
	Sur	33	34	35	36	37	38	39	40
	Sudoeste	41	42	43	44	45	46	47	48
	Oeste	49	50	51	52	53	54	55	56
	Noroeste	57	58	59	60	61	62	63	64

Aunque los augurios no son leyes rígidas, sí tienen un significado relevante. Léalos sólo en su sentido positivo y constructivo. Si le advierte o previene sobre dificultades, recuerde que siempre tiene la oportunidad de encontrar una forma de superarlas.En cualquier caso recuerde lo que dijo Confucio: «La salida es por la puerta. Es raro cuan pocos utilizan este método».

Se dará cuenta que en este sistema no está la Estrella 5 entre las estrellas de la tabla. Los hombres nacidos bajo la Estrella 5 deben usar la Estrella 2 y las mujeres nacidas bajo la Estrella 5, la Estrella 8. Por ejemplo: un hombre nacido bajo la Estrella 5 cuya puerta esté orientada hacia el sur, deberá leer la imagen 34; una mujer nacida bajo la Estrella 5 cuya puerta esté orientada hacia el sur, deberá leer la 39.

FORTUNAS

1. IMAGEN: *Caminando a medianoche por el borde de un precipicio cubierto de hielo sin luz.*
Se verá enfrentado a todo lo que teme. Póngase en guardia ante los problemas serios, ya que le conducirán con toda probabilidad a trastornos emocionales y pérdidas económicas. Pueden producirse confusiones que nu-

blen su mente. Si desoye los buenos consejos se expondrá de forma innecesaria al peligro. Cuídese y evite dar malos pasos. Esté atento. Espere al amanecer, cuando pueda ver claramente su camino; entonces actúe. Si sigue sus instintos, alcanzará la sabiduría. Si es usted escritor, tendrá suerte.

2. IMAGEN: *Una reunión incongruente de gente donde afloran conflictos.*
La intromisión obstaculiza el progreso. Las intrigas y disputas conducen a separaciones y pérdidas. Las cuestiones sobre dar y recibir apoyo material y emocional deben ser resueltas. Permanezca fiel a sus más altos ideales. Protéjase contra el engaño. Las empresas nuevas y arriesgadas toparán con complicaciones. Si es usted circunspecto y evita confiar en la gente equivocada, tendrá éxito. Sea consciente de lo que quiere y de lo que está atrayendo.

3. IMAGEN: *Una cabaña perdida en el bosque.*
Si tropieza con dificultades y contratiempos, sea paciente; vendrán cambios favorables a su debido tiempo. Su hogar favorece más el ocio que la ambición profesional. Sus perspectivas financieras tal vez no sean óptimas, pero tendrá lo necesario para alcanzar sus objetivos. Póngase en guardia contra los

envidiosos, las habladurías le acarrearán problemas y desprestigio. El contento es su mayor riqueza.

4. IMAGEN: *Un viajero que retrocede por un peligroso desfiladero.*

Usted está bendecido con la protección divina. Si cultiva una actitud humanitaria y se pone al servicio de los demás, disfrutará de crecimiento ilimitado, prosperidad, y buena reputación. No obstante, si se muestra ambicioso y egoísta, se encontrará en un peligroso callejón sin salida. Si cada vez tropieza con más complicaciones, retroceda y analice la razón.

5. IMAGEN: *Agua que se vierte de un recipiente dorado.*

La buena suerte le llegará como caída del cielo. El éxito llamará a su puerta sin importar lo que haga. Será especialmente favorable si usted realiza algún servicio necesario para su comunidad. Se beneficiará creando oportunidades para los demás. Busque la cooperación de sus amigos.

6. IMAGEN: *Un riachuelo de agua fresca que desciende de un lago hasta llegar a un valle.*

Su fortuna florecerá. Es aconsejable que siga sus deseos con prudencia. Tenga cuidado al hacer cambios. Le resultará ventajoso definir y mantener sus límites. No intente abarcar demasiado.

7. IMAGEN: *Una cascada que cae de una montaña rocosa hasta un bosque verde y rico.*

Las dificultades finalmente dan paso a la buena suerte. Hay mucho por lo que estar esperanzado. Sea paciente. Si resiste las circunstancias adversas, podrá disfrutar de una

importante y duradera prosperidad. Busque maneras de armonizar los elementos divergentes de su vida. Si deja que los demás le ayuden, sus objetivos de prosperidad y éxito se verán cumplidos.

8. IMAGEN: *Un campo colmado de maíz, bajo el sol del atardecer.*

Los esfuerzos realizados en el momento oportuno traerán abundantes recompensas. Los inicios de cualquier nueva empresa serán difíciles, pero a la larga, la fortuna florecerá. Proceda con calma y cuidado. Busque la ayuda y el consejo de los expertos. Superará los retos a los que se enfrente si centra su atención y trabaja con ahínco. Cuando su esfuerzo sea óptimo, logrará abrirse paso, y las ideas creativas darán el fruto esperado. Una gran felicidad recaerá sobre usted y sus seres queridos.

9. IMAGEN: *Un manantial oculto en la montaña.*

Un lugar solitario. Si está tranquilo, se contenta con la simplicidad y desarrolla su talento tranquilamente, su vida florecerá. Adáptese y sea paciente. La obstinación y la impaciencia sólo le conducirán al fracaso. Sus ideas y su esfuerzo con el tiempo le darán ricos frutos. La bondad de sus intenciones le asegurará un éxito duradero.

10. IMAGEN: *Riquezas heredadas.*

La buena suerte y la abundancia le llegarán si cultiva una actitud cooperativa. Tenga presente la interconexión que hay entre todos los seres vivos. El espíritu de los antepasados le llega con mucha fuerza; le bendicen con una larga vida, prosperidad y muchos descendientes.

11. IMAGEN: *Un campo en barbecho.*

Sus inicios serán difíciles. Forzar el camino sólo le conducirá a la desgracia. Sin embargo, si recurre a su intuición, encontrará lo que necesita para lograr el éxito. No descarte la posibilidad de que las dificultades que experimenta estén causadas, en realidad, por su visión del mundo. Si descubre sus cualidades ocultas y sus recursos por explotar, la buena suerte llegará. Con la ayuda de las personas bondadosas, se hará próspero e incluso famoso, y al final podrá compartir su buena suerte con los demás.

12. IMAGEN: *Un viajero perdido en las montañas escarpadas entre la densa niebla.*

Si ante las dificultades cede a la lucha desesperada, sólo logrará perderse. Las acciones irreflexivas originarán muchas lamentaciones. Sea consciente de sus errores y evite la intolerancia.

Tenga valor y libérese de los pensamientos negativos. Atraerá por igual a amigos poderosos y enemigos poderosos. Alcanzará la buena suerte si cultiva la paciencia en los momentos difíciles, y si actúa juiciosa y concienzudamente.

13. IMAGEN: *Animación suspendida.*

Si cae en el absurdo que este lugar sugiere, experimentará poco o ningún progreso en su profesión, y sus relaciones personales tenderán a estancarse. Si, en cambio, quiere progresar, tendrá que superar la inercia. Concéntrese y persevere en su trabajo. A medida que su actividad aumente, también lo harán sus responsabilidades. La suerte viene con la disciplina.

14. IMAGEN: *Un estanque tranquilo en unas montañas arboladas.*

Cultive las relaciones sociales equilibradas y un espíritu desenvuelto y recibirá la ayuda que necesita para prosperar. Los negocios y actividades artísticas irán bien si las aborda en compañía. Si está solo, encontrará a alguien. El matrimonio puede favorecerle. Si, por el contrario, decide estar solo, sus amistades tenderán a deshacerse, el progreso será lento y el dinero escaso. De todas formas, al final su suerte mejorará.

15. IMAGEN: *Una mina de oro en una montaña.*

Si se mantiene tranquilo como la montaña será capaz de lograr riqueza, salud y felicidad. La tranquilidad se obtiene cuando se ejercita la calma interior. Si permanece centrado y en calma, y acomete hábilmente lo que venga, se asegurará un crecimiento y progreso sostenidos. Así como la tierra produce oro, sus grandes y constantes esfuerzos producirán abundancia duradera para usted y sus seres queridos.

16. IMAGEN: *Orden descendente de las generaciones -la abuela, la madre y la hija; el abuelo, el padre y el hijo.*

Paso a paso, logrará sus objetivos. Esté tranquilo con la parte que le corresponde. Cultive su talento y haga lo que deba. Viva con simplicidad y evite la ostentación; se alzará seguro y firme. Prosperará, su vida transcurrirá más tranquila, y todo lo que verdaderamente desea se cumplirá.

17. IMAGEN: *Un río reluciente discurriendo por un bosque exuberante.*

En este lugar le esperan gran suerte y felicidad. Si está buscando pareja, encontrará la perfecta. Si está pensando en casarse, la perspectiva es excelente. Si busca el justo medio, conseguirá ocupar una posición central y

será un modelo para todos. Su esfuerzo creativo le llevará al éxito y el dinero fluirá hacia usted. Cuanto más desinteresado sea, más feliz será.

18. IMAGEN: *El bosque floreciendo en primavera.*
Disfrutará de gran crecimiento y prosperidad si confía más en la ayuda de los que se hallan por encima suyo que en su propio esfuerzo. Sin embargo, tenga cuidado de no vanagloriarse; esta actitud revela debilidad y le causará problemas. La buena suerte le llegará a través de empresas nuevas o renovadas, o de proyectos que en un principio no son importantes, pero que pueden convertirse en grandes. Tal vez reciba una ganancia inesperada.

19. IMAGEN: *Truenos y viento.*
Todo florecerá. La ayuda le llegará de aquellos que se hallan en posiciones elevadas o de fuentes inesperadas. Defina claramente sus metas y espere el momento oportuno para actuar. Lo que realmente desee, lo conseguirá. Obtendrá prosperidad, buena salud y felicidad. Esfuércese por todos los medios en prosperar en la vida, pero no fuerce las situaciones. Esté atento a los problemas inesperados. Si éstos llegan, manténgase tranquilo y sea objetivo, ya pasarán.

20. IMAGEN: *Una puesta de sol a finales de otoño.*
Esfuércese en llevar a cabo sus planes y proyectos a largo plazo. Eche raíces y crezca. La hierba no es más verde en casa del vecino. Si duda y es incoherente, se arriesga a tener problemas financieros y matrimoniales. Si se esfuerza en llevar las cosas a su cumplimiento natural, disfrutará de una gran fortuna. Si desea casarse, la perspectiva es altamente favorable. No obstante, debe estar dispuesto a hacer los sacrificios necesarios.

21. IMAGEN: *Una estrella fugaz.*
No abuse del poder en los momentos difíciles. Póngase en guardia contra los peligros imprevistos. No se fíe de las apariencias, pueden ser engañosas. Los planes y decisiones que tienen lugar bajo condiciones poco claras presagian problemas. ¿Por qué apuntar a una diana que simplemente no existe? Es mejor que espere y cultive sus poderes de observación. Todo cambia. Si tiene paciencia, a la larga podrá hacer un progreso ilimitado y alcanzar sus metas.

22. IMAGEN: *Madera cortada y arrojada al fuego.*
Primero se enfrentará a dificultades, pero después llegará el éxito. En los momentos difíciles, los planes ambiciosos serán inabordables y quizá sufra descrédito. También es posible que

tenga problemas matrimoniales. Póngase en guardia ante una posible infidelidad de su pareja. Evite la desconfianza y la impaciencia. No llegará a ningún sitio si utiliza los métodos incorrectos. Espere el momento oportuno para actuar; saldrá adelante. Entonces no faltará la prosperidad y la felicidad en el amor.

23. IMAGEN: *Un comedor de lotos*.

¿Cómo espera vivir si sueña despierto, lo cual sólo conlleva perspectivas financieras mediocres? Será afortunado si cultiva la humildad. Sea flexible, moderado en sus juicios, y dispuesto a servir a los demás. Entonces le llegarán las verdaderas oportunidades. Si las aprovecha, prosperará.

24. IMAGEN: *Una tormenta*.

Recurra a la ayuda de expertos. La búsqueda despreocupada y agresiva puede acabar en fracaso. Corre el peligro de desperdiciar su tiempo, energía y dinero. Cultive el dominio de sí mismo y su poder de discernimiento. Sea flexible. La causa de sus dificultades está en usted mismo. Si culpa a los demás, perderá la posibilidad de realizar un cambio positivo. Si consigue la ayuda de expertos, podrá alcanzar la prosperidad y una buena posición.

25. IMAGEN: *Un barco a punto de embarrancar*.

No dé por hecha su suerte. Todo es cambiante. Le resultará ventajoso adaptarse. Manténgase alerta y esté preparado para acometer los obstáculos con inteligencia. Sepa cuándo retroceder y cuándo avanzar. Llegará antes a su destino si se permite retrasos que si fuerza el camino. Si trabaja en beneficio de otros, atraerá la buena suerte. Juegue sus cartas correctamente y disfrutará de

una creciente prosperidad, buena salud y buena reputación.

26. IMAGEN: *Un valle rico y verde.*
Si trabaja duro para aprender, experimentará abundante crecimiento y prosperidad. Cultive la lealtad. La buena suerte le vendrá a través de nuevas empresas que parecen poco importantes, pero que pueden hacerse grandes. Para aprovechar todo su potencial, amplíe sus miras, sea fiel a su familia y comunidad, y promueva el bien universal.

27. IMAGEN: *Un dragón en medio de un torbellino.*
Todo florece. Le llegará ayuda de fuentes poco habituales. Puede que salga ganando con circunstancias adversas, especialmente si busca servir a los demás. Conseguirá aquello que realmente desea. Sea enérgico y mantenga sus altos ideales. Conquistará una posición elevada, prosperará, y disfrutará de buena salud y de amor. Sin embargo, póngase en guardia contra la hipocresía, ya que le traerá desdicha.

28. IMAGEN: *El viento susurrando a través de los árboles.*
No es conveniente ser desconfiado. Evite ser suspicaz y entrometido. Sus asuntos florecerán si corrige su tendencia a ser indeciso y poco práctico. Le llegará ayuda de gente que ocupa cargos altos. Evite las dificultades innecesarias y concéntrese en su desarrollo personal. Obtendrá lo que realmente quiera. Cuestionar las cosas ansiosamente es una pérdida de tiempo.

29. IMAGEN: *Un bodisatva, un practicante de la compasión desinteresada.*
Aparecerán muchos obstáculos en su camino. Tendrá, una y otra vez, que buscar en sí mismo para explotar sus recursos más profundos. No se deje vencer por su tendencia a aislarse y desanimarse. Siga su intuición. La ayuda llega de forma inesperada. Confíe en su sentido innato del bien y el mal. No le pasará nada malo. A medida que vaya venciendo los obstáculos, podrá ser de gran ayuda a los demás.

30. IMAGEN: *Un castillo en ruinas.*
La humildad y la dedicación desinteresada le traerán fortuna. Si acepta las responsabilidades que los demás le confían, avanzará en la vida. De lo contrario, la falta de sinceridad y la irresponsabilidad socavarán su carrera y sus relaciones personales. En los momentos difíciles, la búsqueda agresiva de objetivos egoístas sólo agrava los problemas. Es mejor retroceder a tiempo.

Cultive el comportamiento correcto y la honestidad. Todo cambia con el paso del tiempo. Si se arma de paciencia, su suerte mejorará.

31. IMAGEN: *Una montaña cubierta con árboles en llamas.*

La falta de consideración y las acciones temerarias conducen a rupturas. Se encontrará con oposición profesional y con problemas en el hogar. Trate de dominar su tendencia a mostrarse indiferente hacia las personas queridas. Mantenga la fe en los momentos difíciles y aprenda de sus errores. Esté alerta. Las acciones oportunas le conducirán a la buena suerte. Saque partido de las oportunidades inesperadas. Puede que reciba ayuda de alguien que se halla en una buena posición. Se abrirá la puerta a cualquier camino que desee tomar.

32. IMAGEN: *Una mujer alimentando un fuego.*

Para usted la vida en el hogar es más agradable que los altibajos de la vida laboral, en busca de fama y fortuna. Sea receptivo y atento. Tendrá mucha suerte si disfruta ayudando a los demás. Si tiene un trabajo creativo en el hogar, prosperará. Su hogar es especialmente propicio para el amor, la buena salud y una vida familiar feliz.

33. IMAGEN: *Un pionero.*

Las complicaciones procedentes de errores pasados pueden forzarle a empezar de nuevo. No sobrestime sus conocimientos y habilidades. Hay mucho que aprender. Siga el ejemplo de los que tienen más experiencia que usted y se le abrirá el camino hacia la prosperidad, la felicidad y la salud. Sea paciente cuando esté sometido a presión. Aférrese a lo que nutre su espíritu.

34. IMAGEN: *El sol poniéndose sobre un desierto tórrido.*

Si se arriesga bajo condiciones adversas sólo logrará pérdidas. Es mejor esperar a que la situación cambie. Aproveche los períodos de espera para ampliar sus horizontes. Examine cuidadosamente las causas internas de sus dificultades y guárdese de culpar a los demás. Podrá ser creativo a su debido tiempo. El camino se despejará y prosperará.

35. IMAGEN: *La miríada de formas de vida que existen en la tierra.*

Disfrutará de muchas oportunidades de progreso y prosperidad. El cielo le ha concedido una creatividad ilimitada. Tiene suerte y es capaz de transformar las situaciones negativas en positivas, no sólo para usted, sino también para los demás. Ayudar a los demás reporta bendiciones celestiales. Si busca el justo medio, será altamente respetado.

36. IMAGEN: *Una estrella brillante.*

Lo que desea en lo más profundo de su corazón se hará realidad. Cultive su confianza, concentre sus esfuerzos, y logrará alcanzar cada una de sus metas. Tiene ante usted numerosas oportunidades. La buena salud, el éxito profesional y una buena reputación llamarán a su puerta. Con un poco de paciencia y una organización inteligente, podrá labrarse una fortuna que dará confort y seguridad no sólo a usted y a sus seres queridos, sino también a las generaciones futuras.

37. IMAGEN: *Una ceremonia de iniciación, una transmisión de luz.*

Mostrarse receptivo y humilde será un reto. Si mantiene una actitud egoísta e insiste en ser el líder, no sólo perderá el norte, sino que se agotará. Relájese. Ábrase a recibir la inspiración creativa. Una sus fuerzas a las de los demás. Sea cooperativo y flexible. Será respetado por su talento.

38. IMAGEN: *Un recluso.*

Cuando los caminos están cerrados, es mejor regresar a la situación anterior y esperar. No se deje tentar por el atractivo de proyec-

tos poco realistas. Aproveche los períodos de inactividad para adquirir más conocimientos. Cuantos más conocimientos tenga, mayores serán sus oportunidades de éxito. Sus superiores le ayudarán en su tarea. Si está solo, conocerá a alguien en quien poder confiar. La buena suerte le llegará a través de un compañero.

39. IMAGEN: *Una puesta de sol sobre las montañas.*

El pasado parece mejor que el futuro en algunos aspectos importantes. Las perspectivas de futuro parecen limitadas. Puede que esté descuidando un aspecto importante de su vida. Cultive su intuición y examine sus necesidades. Es inútil anclarse al pasado y culpar a los demás de sus problemas. Tenga decoro y generosidad de espíritu o sufrirá pérdidas. Sea serio en sus propósitos. Tendrá éxito en profesiones que requieran investigación y estudio.

40. IMAGEN: *Agua en el punto de ebullición.*

Avance, no retroceda. Esfuércese por conocer su verdadero objetivo y aproveche las oportunidades cuando aparezcan. Evite la distracción y no tenga miedo a tomar medidas correctivas cuando sea necesario. La situación puede cambiar rápidamente. Deberá estar alerta para tomar decisiones rápidas

y oportunas. Mantenga sus objetivos y tendrá un éxito sorprendente.

41. IMAGEN: *Una punta de lanza.*
Persevere en su camino. A la larga, es peor evitar el peligro que enfrentarse a él. Si le falta valor y capacidad de liderazgo, sufrirá pérdidas. Se verá sumido en la incertidumbre, la duda y la frustración. Sin embargo, si da la vuelta y escapa, se encontrará con el desastre. No tiene elección, debe avanzar y desarrollar nuevas habilidades. Sea decidido.

42. IMAGEN: *Una mina de oro en el fondo de un valle.*
Tendrá más suerte si sigue a otros que si toma la iniciativa. Muestre interés hacia los demás, y vivirá una vida plena y satisfactoria. Procure estar tranquilo y centrado, maneje hábilmente sus asuntos, y el progreso ininterrumpido estará asegurado. Como la tierra que produce oro, su esfuerzo constante reportará a usted y a sus seres queridos una abundancia duradera.

43. IMAGEN: *Un granjero labrando en primavera bajo condiciones adversas.*
No se deje abatir por las dudas, ni permita que los fracasos le desanimen. Esfuércese pacientemente en superar los obstáculos. A la debilidad seguirá la fuerza. Si se adapta y es trabajador, obtendrá ayuda de gente que ocupa posiciones altas. Los proyectos creativos darán finalmente sus frutos.

44. IMAGEN: *Cavando y descubriendo oro.*
Las dificultades vienen seguidas de ganancias. Adáptese. Persevere y superará los obs-

táculos. Si muestra valor y determinación, obtendrá el apoyo de sus superiores y a la larga logrará un buen puesto. Llegará hasta el oro a través de las actividades creativas.

45. IMAGEN: *Un espejo.*

Ir hacia adelante significa ir hacia atrás. Si encuentra el mundo insatisfactorio, reconozca la deficiencia en sí mismo. Vuelva a la paz y seguridad de su hogar y cultive su talento. Si persevera, al final obtendrá éxito. Recibirá la ayuda que necesita de personas amigas. El trabajo creativo es altamente favorable para usted. Los próximos años serán fáciles.

46. IMAGEN: *Gente jugando al tira y afloja.*

Crear se confunde con destruir. No actúe con fines que se opongan entre sí. No desperdicie su tiempo entrometiéndose en los asuntos de los demás. Sea consciente de lo que está creando. Si es perspicaz, descubrirá muchas oportunidades interesantes para su progreso y prosperidad, así como para crear condiciones apacibles en el hogar.

47. IMAGEN: *Bendiciones que descienden de los antepasados reverenciados.*

Si adopta una actitud modesta, atraerá la buena fortuna. Cultive las relaciones amistosas con los vecinos. Tenga presente la interrelación de todo lo vivo. Los espíritus de sus antepasados llegan a usted con mucha fuerza. Le bendicen con larga vida, prosperidad y muchos descendientes. Todo apunta hacia el éxito.

48. IMAGEN: *Educación de un niño.*

Debe tener paciencia. El éxito consiste en esperar el momento oportuno y actuar. Sea amable consigo mismo. Descanse y cultive la buena salud. Será próspero y afortunado en su matrimonio y en la crianza de sus hijos.

49. IMAGEN: *Un espejismo.*

Examine las posibles discrepancias entre lo que imagina y lo que es en realidad. Las ganancias pueden ser efímeras. Sea prudente. Lo que parece ser una oportunidad puede derivar en un fracaso. Aproveche los períodos de inactividad para adquirir nuevos conocimientos. Sea más juicioso, persevere en lo que sabe que es correcto, y tendrá éxito.

50. IMAGEN: *Un rubí que reluce bajo los rayos del sol.*

La fama viene con el trabajo bien hecho. Utilice su intuición para determinar el curso de la acción. Especialícese en su campo y la prosperidad y la fama serán suyas. Aproveche la ayuda de sus subordinados o de gente que ocupa posiciones inferiores a la suya, pero muestre interés y consideración hacia ellos. Su buena suerte será duradera.

51. IMAGEN: *Un barco que navega por las estrellas.*
Tendrá éxito si sigue su verdadero objetivo o potencial. Si no es consciente de su misión en la vida, tómese un tiempo para explorar los diferentes caminos hasta que lo descubra. Una vez lo haya encontrado, dedique toda su atención a su cumplimiento. La búsqueda de nuevos conocimientos siempre le resultará beneficiosa. Su éxito depende de su preparación. Sepa lo que necesita, y compórtese de manera cauta y juiciosa. No pierda el tiempo con la gente equivocada.

52. IMAGEN: *Un lago subterráneo.*
Lo que busca estará fuera de su alcance a menos de que se eliminen los obstáculos. Pocas personas le ayudarán y tendrá problemas para encontrar amigos. Si no aprovecha sus recursos, su crecimiento se verá limitado. Intente descubrir su fuerza oculta. Una vez haya alcanzado el autoconocimiento, piense y actúe independientemente, y utilice su talento para beneficiar a los que le rodean. Será próspero, famoso y afortunado en el amor.

53. IMAGEN: *La tala de un bosque.*
Refrenar el mal trae grandes recompensas. El inicio puede ser afortunado, pero la incompetencia y las acciones extremas conducen al fracaso. Actúe con moderación. Fortalezca su espíritu y fije sus propósitos. Analice la situación antes de actuar. Vigile a quién contrata. Conserve sus ganancias, sea moderado y confíe en el consejo de los expertos.

54. IMAGEN: *Una isla en el estanque de un jardín.*
Los placeres terrenales serán suyos. Obtendrá todo lo que desee. Aproveche sus oportunidades. Recibirá ayuda de alguien que se encuentra en una buena posición, así como de sus iguales. Su fortuna crecerá. Sin embargo, guárdese de la vanidad.

55. IMAGEN: *Un lago que refleja los cielos.*
¿De quién son las ideas que sigue? Obedecer las reglas de otros es lamentable. Si cultiva la independencia, logrará sus objetivos. Sus posibilidades creativas son infinitas. Su esfuerzo infatigable producirá grandes dones y le reportará buena suerte en el amor, con una familia sana y feliz.

56. IMAGEN: *Oro acrisolado por el fuego.*
Las dificultades deben saberse sobrellevar, ya

que vienen seguidas de fortunas florecientes. Trabaje duro para definir claramente sus objetivos. Potencie sus habilidades directivas, tanto para los asuntos profesionales como personales. Los cambios conllevan ascensos y dan lugar a una posición segura. Antes de reformar a los demás, trabaje para perfeccionarse a sí mismo.

57. IMAGEN: *El sol que brilla a medianoche.*
Si es temeroso y egocéntrico, los demás le utilizarán y tendrá que trabajar mucho para obtener ganancias pequeñas. Abandone el egoísmo y amplíe sus horizontes. Si cultiva su luz interior y sigue su intuición, descubrirá dónde es verdaderamente útil. Sea amable y fomente la paz y la armonía. El éxito vendrá a través de la cooperación. Acepte la guía divina.

58. IMAGEN: *El abismo entre el cielo y la tierra.*
No intente conseguir algo que está más allá de sus posibilidades. Trabaje en su formación, si no quiere quedarse atrás. Quizá las lecciones duras de la vida sirvan para superar las desgracias. Siga su intuición. Una vez haya desarrollado las habilidades que necesita y pueda aprovechar por completo sus energías creativas, obtendrá mucho éxito. Una gran oportunidad puede venir de una fuente modesta.

59. IMAGEN: *Tesoro enterrado.*
Lo que busca está fuera de su alcance a menos que elimine los obstáculos. Si no descubre su fuerza interior y sus cualidades, su crecimiento será limitado, tendrá problemas para encontrar amigos, y pocos le ayudarán. Su sinceridad será puesta a prueba. Sea prudente si quiere evitar problemas. Si cultiva la virtud, actúa con justicia y sabe ayudar a los demás, la buena suerte llegará.

60. IMAGEN: *Un intruso.*
Procure mantener las situaciones desintegradoras alejadas de su vida. Póngase en guardia contra los saboteadores y no mantenga relaciones con gente destructiva. Tenga paciencia en los momentos difíciles. Está llamado a grandes pérdidas si infringe los límites de los demás. Es mejor esperar a que se produzcan signos positivos. La ayuda vendrá de gente de sentimientos elevados. Será afortunado si tiene un hijo.

61. IMAGEN: *Un recipiente lleno de oro.*
Su fortuna florecerá. No obstante, procure no ser demasiado ambicioso, o caerá. Nada, ni nadie, es totalmente independiente. Sea humilde y considerado con los demás y evitará así peligros. Se le presentarán muchas

oportunidades de éxito. Alguien que ocupa una posición elevada le ayudará.

62. IMAGEN: *Un cielo otoñal sin nubes.*
Acabe las cosas pacientemente y recogerá una buena cosecha. Sea amable; la lucha despiadada desemboca en desgracias. Modere su ambición y esfuércese por crecer interiormente. Aunque el éxito le pertenece, debe ser humilde. Esté atento. Espere el momento oportuno para avanzar.

63. IMAGEN: *Paraíso.*
Logrará lo que desee. Cuanto mayor sea su esfuerzo, mayor será la ganancia. Aférrese a sus propósitos. Coopere con los que se hallan por encima y debajo suyo. El éxito y la prosperidad le llegarán, sobretodo, a través del trabajo creativo, especialmente mediante la escritura. El trabajo espiritual progresará sin trabas.

64. IMAGEN: *Un zorro.*
Evite estar secretamente a la defensiva mientras intenta unir sus fuerzas a las de los demás. Si no confía en los que le rodean, éstos acabarán desconfiando de usted. Su falta de sinceridad hará que los demás se alejen. Intente buscar el equilibrio entre su corazón y su mente. La pasión ciega ocasiona enredos y pérdidas. Ponga en claro sus metas. La vacilación y las preocupaciones no conducen a nada. Manténgase centrado y se fortalecerá y prosperará.

TRAER ARMONÍA Y EQUILIBRIO AL HOGAR

SEGUNDA PARTE

CAPÍTULO 9

LOS TRES MÉTODOS DE DIAGNÓSTICO

Hay tres métodos que utilizaremos para detectar las condiciones problemáticas del espacio. El primero se llama «método de los ocho puntos». El segundo interpreta el espacio en función de los cinco elementos. El tercer método superpone la figura del cuerpo humano (construida con palotes) sobre el plano de la casa.

El método de los ocho puntos nos muestra la relación entre las áreas problemáticas del espacio y las diversas facetas de nuestra vida, como el trabajo, la economía o las relaciones personales. Los métodos de lectura del espacio, el de los cinco elementos y el de la figura de palotes sobre el plano de la casa, nos muestran la relación que existe entre las áreas problemáticas de nuestro espacio, las emociones y la salud.

EL MÉTODO DE LOS OCHO PUNTOS

Aunque el método de los ocho puntos no es tan antiguo como los métodos clásicos del Feng Shui, recientemente ha adquirido popularidad entre muchos profesionales. El método de los ocho puntos se usa para detectar y tratar problemas, así como para localizar áreas significativas donde situar el mobiliario, las obras de arte y las plantas. Cada uno de los ocho puntos o áreas tiene un nombre:

- punto del trabajo
- punto del conocimiento
- punto de la familia
- punto del dinero
- punto de la fama
- punto del matrimonio
- punto de los hijos
- punto de los amigos (el cual incluye la comunicación y los viajes)

Al situarlos sobre el plano, aparecen tal como se muestra en el siguiente diagrama.

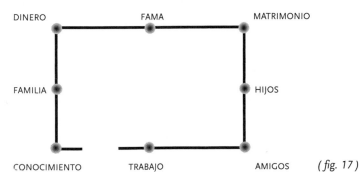

(*fig. 17*)

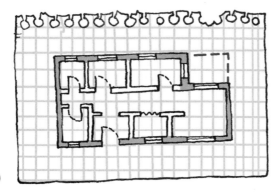

(fig. 18)

La línea que pasa por los puntos de los amigos, el trabajo y el conocimiento siempre se corresponde con la pared de la puerta principal. Para localizar estos puntos o áreas espacia-

les, sitúese o imagínese que está de pie en la puerta de entrada mirando hacia adentro.

Para aplicar el diagrama a su espacio, superpóngalo primero sobre el plano de su casa, y después sobre el de cada habitación. Si su espacio es un estudio, superponga el diagrama sobre plano de su estudio, y no sobre áreas imaginarias dentro de él. Si su casa tiene una forma irregular, extienda las líneas de sus contornos hasta obtener un cuadrado o rectángulo, como se muestra en la *figura* 18.

El método de los ocho puntos no siempre es fácil de aplicar. Hay lugares que tie-

(fig. 19)

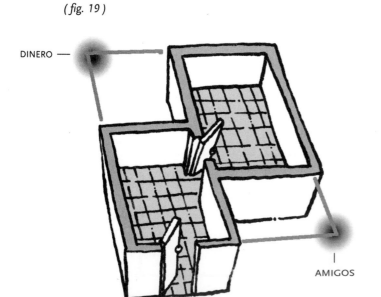

DINERO

AMIGOS

(fig. 20)

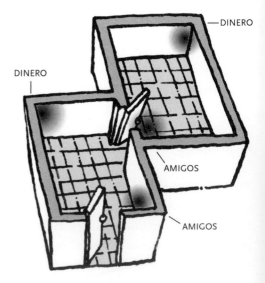

DINERO

DINERO

AMIGOS

AMIGOS

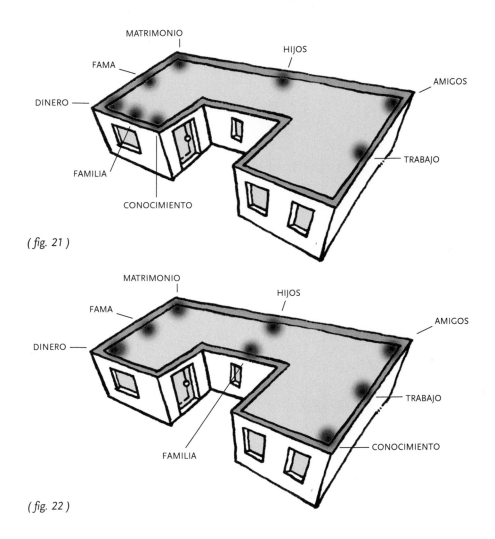

(*fig. 21*)

(*fig. 22*)

nen formas tan raras que parece que faltan puntos.

En un espacio de dos o más habitaciones que carezca de más de un punto, como el ejemplo que se muestra en la *figura 19*, tendrá que buscar los puntos por separado en las distintas habitaciones (*fig. 20*). En el espacio de la *figura 19* parece faltar el punto del dinero y el de los amigos. Sin embargo, am-

bos puntos, dinero y amigos, pueden hallarse separadamente en cada habitación.

Si su espacio parece imposible de interpretar con el método de los ocho puntos, como en la *figura 21*, tiene dos opciones: reasignar los puntos para que comprendan el mayor espacio posible, como muestra la *figura 22*, o tratar el espacio como en la *figura 20*.

En un estudio en el que falte un punto, como en la *figura 23*, puede crear éste con la ayuda de un biombo que divida la habitación, tal como se muestra en la *figura 24*.

ESTUDIO DEL ESPACIO CON LOS CINCO ELEMENTOS

Para aplicar este eficaz método necesitará la brújula y una copia del plano de su casa.

Si la forma del espacio es irregular, complétela con una línea de puntos hasta obtener un cuadrado o rectángulo, como se muestra en la *figura 25*. Una vez hecho esto, trace dos diagonales opuestas, tal como aparece en la *figura 26*. Localice el punto donde se cruzan las diagonales. Sitúese de pie en este punto y use la brújula para localizar el norte, el nordeste, el este y el resto de las direcciones del espacio. Márquelas en el plano de su casa, tal como muestra la *figura 27*.

El siguiente paso es anotar el elemento de cada una de las direcciones, como muestra la *figura 28*.

- El norte para el Agua.

- El nordeste y sudoeste para la Tierra.

- El este y sudeste para la Madera.

- El sur para el Fuego.

- El oeste y noroeste para el Metal.

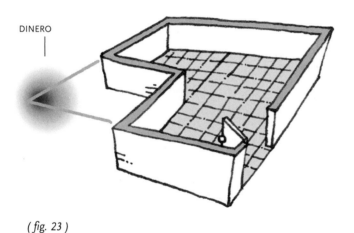

DINERO

(fig. 23)

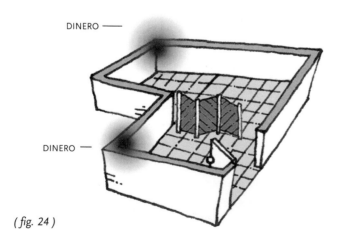

DINERO ——

DINERO ——

(fig. 24)

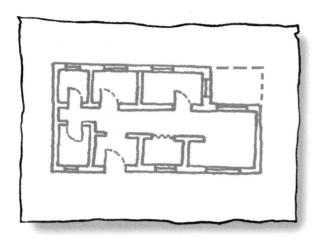

(fig. 25)

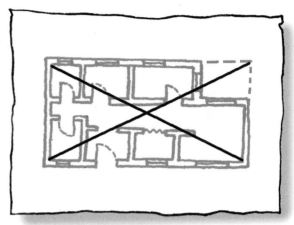

(fig. 26)

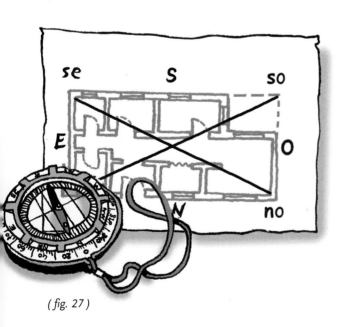

(fig. 27)

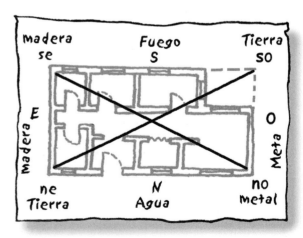

(fig. 28)

TRABAJAR CON LA FIGURA DE PALOTES

Para aplicar este método diagnóstico, dibuje una figura humana de palotes sobre el plano de su casa. No se preocupe por su talento artístico. Dibuje la cabeza en la entrada principal y ocupe la longitud del espacio con el resto del cuerpo, como en la *figura 29*. Si la entrada está en el centro, dibuje el cuerpo a lo ancho del espacio, como en la *figura 30*.

(*fig. 29*)

(*fig. 30*)

 ejercicio

Tome una copia del plano de su casa y sitúe los siguientes elementos:

1. *Los ocho puntos*
2. *Las ocho direcciones espaciales con sus elementos correspondientes*
3. *Una figura de palotes*

Ahora ya está preparado para estudiar las diferentes variantes de este método diagnóstico.

CAPÍTULO 10

LOS EFECTOS DEL DESORDEN

Nuestro hogar respira como si fuera un organismo vivo.

Su respiración, o *chi*, entra y sale por las puertas y ventanas, y fluye a través de los pasillos y habitaciones. Cuando fluye sin trabas, transmite una sensación de tranquilidad y comodidad. Por el contrario, cuando el flujo es obstruido por el desorden, su *chi* se obstruye, los elementos en su cuerpo se desequilibran, y su salud y sus intereses resultan perjudicados.

En numerosas consultas de Feng Shui realizadas a lo largo de los últimos años, he encontrado patrones comunes en el desorden. El desorden está relacionado, por un lado, con los instintos de autoprotección y aprovisionamiento, y, por otro, con los sentimientos de inseguridad. El desorden pertenece esencialmente al elemento Tierra. Si la Tierra es negativa, usted se preocupa. La Tierra positiva nutre. La persona que acumula desorden necesita educación, o bien alimento y apoyo. Si usted tiende al desorden, debería preguntarse qué necesita para sentirse seguro y qué le impide obtenerlo.

Para ilustrar cómo el desorden puede tener su origen en las emociones, puedo explicar este caso: una vez trabajé en el piso de un hombre que hacía años que padecía mucha ansiedad. Su piso estaba muy desordenado, lleno de papeles, cajas viejas y muebles rotos. Aunque sabía que el desorden repercutía en él negativamente, el hombre se sentía incapaz de hacer nada al respecto.

El desorden cerca de la puerta de entrada siempre indica resistencia a salir al mundo. Si hay desorden en la puerta de entrada, tiene que luchar con muchas cosas que parecen interponerse entre usted y sus objetivos. Tiende a parapetarse y teme dejarse ir. Las estanterías altas desordenadas o los objetos apilados hasta el techo indican que es aprensivo; tiene miedo de que algo malo pueda sucederle.

El desorden causado por cosas guardadas bajo la cama hace que el *chi* se estanque y genere *sha*, el cual es absorbido por su cuerpo mientras duerme. Si guarda cosas bajo la cama, aunque estén ordenadas en cajas, sá-

quelas y guárdelas en otro sitio, su salud se lo agradecerá.

Usted puede solucionar fácilmente el desorden de sus armarios; lo único que debe hacer es ordenar las cosas, deshacerse de lo que ya no utilice, y guardar el resto en cajas, carpetas o lo que resulte más adecuado.

Ahora examinemos los efectos del desorden con los tres métodos de diagnóstico.

EL DESORDEN Y EL MÉTODO DE LOS OCHO PUNTOS

Si el desorden se halla en alguno de los ocho puntos, indica cuestiones irresueltas o problemáticas en las correspondientes áreas de su vida. Un mueble o algún objeto grande situado en alguno de los puntos de manera obstructiva señala obstáculos que deterioran o refrenan el área correspondiente de su vida. Por ejemplo, si hay una confusa acumulación de objetos en el punto del matrimonio de su dormitorio, puede adivinarse que usted no está del todo contento con su matrimonio o vida sentimental. Tal vez incluso se encuentre completamente bloqueado. Si arregla el desorden y pone en su lugar algo bonito, como una zona íntima donde sentarse, una mesa con un jarrón de flores o una gran planta, estará activando pensamientos armoniosos y atraerá el amor a su vida.

El desorden en el punto de los hijos indica preocupación por ellos y/o por los proyectos creativos.

El desorden en el punto de los amigos indica que tiene problemas de comunicación y le cuesta hacer amistades.

El desorden en el punto del trabajo indica que actualmente está preocupado por su carrera profesional.

El desorden en el punto del conocimiento indica que tiene dificultades para aprender cosas nuevas.

El desorden en el punto de la familia indica relaciones familiares complicadas.

El desorden en el punto del dinero indica que está preocupado y confuso en relación con su situación financiera.

El desorden en el punto de la fama indica que le preocupa su reputación.

EL DESORDEN Y LOS CINCO ELEMENTOS

El desorden existente en las diferentes direcciones espaciales influye en los elementos correspondientes de su vida de la siguiente manera.

■ Si el desorden se encuentra por toda la casa, el elemento Tierra está afectado. Esto indica que tiende a preocuparse demasiado por sí mismo, así como trastornos de estómago, bazo y páncreas.

■ Si el desorden se encuentra en el nordeste y/o sudoeste, también incide en el elemento Tierra y produce los mismos efectos.

■ Si el desorden se encuentra en el oeste y/o noroeste, el elemento afectado es el Metal. Esto revela una tendencia a tener problemas de control. También indica pena y trastornos pulmonares y de intestino grueso.

■ Si el desorden se encuentra en el norte, el elemento perjudicado es el Agua. En este caso, el individuo tiende a ocultar sus sentimientos, tanto a él mismo como a los demás. Problemas de ansiedad y afecciones renales y de la vejiga.

■ Si el desorden tiene lugar en el este o sudeste, el elemento en cuestión es la Madera. Tendencia a la confusión y la indecisión; ira y dolencias del hígado y de la vesícula biliar.

■ Si el desorden se encuentra en el sur, el elemento afectado es el Fuego. Propensión a los conflictos sentimentales; estado de ánimo cambiante y afecciones del corazón, el intestino delgado, la digestión y el sistema inmunitario.

LECTURA DE LA FIGURA DE PALOTES

Si observa las áreas desordenadas de su casa en relación con su dibujo de la figura de palotes, podrá ver qué partes de su cuerpo se hallan afectadas.

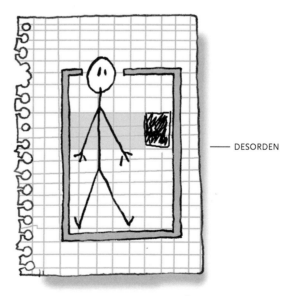

DESORDEN

(fig. 31)

LUCY

La lectura de la figura de palotes puede resultar bastante interesante. Hace algunos años conocí a una joven, Lucy, que padecía una enfermedad sin diagnóstico desde la muerte de su esposo, hacía tres años. Frustrada ante la incapacidad de los médicos para ayudarla, Lucy me invitó a su casa, un estudio de artista, para que la examinara. En todo el espacio encontré el *chi* armonioso, con la excepción de una enorme pila de material fotográfico que estaba cerca de la entrada, tapada con una tela.

Todo aquello había pertenecido a su marido. Al recomendarle que lo sacara de allí, me dijo que no quería, ya que el material fotográfico le recordaba a su marido y no estaba emocionalmente preparada para deshacerse de él. Aún así, puesto que deseaba ayudarla, le recomendé que fuese a ver

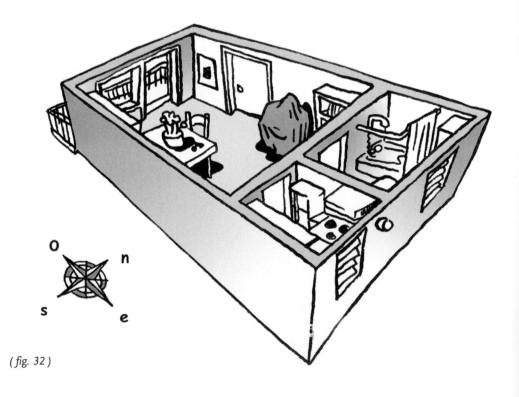

(*fig. 32*)

a un médico chino de confianza a quien yo conocía.

Días después, el médico, tras examinar a Lucy, llamó para comunicarme que sospechaba de la existencia de un gran desorden cerca de la entrada de su casa y que, si estaba en lo cierto, yo debía decirle que le pusiera remedio. Le aseguré que ya había hablado con Lucy y que ella no estaba dispuesta a ello. El médico, convencido de que había una relación directa entre el hogar y su mala salud, discutió personalmente la cuestión con Lucy.

La figura de palotes de la *figura 33*, con la cabeza en la puerta, nos revela más información significativa sobre el estado de Lucy en aquella época:

La montaña formada por el material fotográfico de su marido era un constante recuerdo para Lucy, y se convirtió en un símbolo de su pesar irresuelto. Instintivamente, ella lo emplazó donde más daño podía causarle. En relación con su cuerpo, tal como vemos en el dibujo, afectaba a sus pulmones, corazón, y la función llamada constrictora del corazón, la cual mantiene los sentimientos de amor, protege el corazón y controla el sistema inmunitario. Al estudiar el cuerpo en relación con su dirección espacial, el noroeste, que se corresponde con el Metal y era justamente donde estaba el material fotográfico, se pusieron de manifiesto trastornos de los pulmones y el intestino grueso. También indi-

punto del trabajo

O   no   N

so   ne

S   se   E

(*fig. 33*)

caba problemas de control por resolver; Lucy simplemente no quería deshacerse de su dolor. Asimismo, era significativo que el equipo estuviera cerca de la puerta, casi como si intentara atrincherarse dentro.

Con el tiempo, a medida que fue respondiendo al tratamiento médico y se animó a seguir mis recomendaciones, Lucy vendió el equipo fotográfico. Poco después

recuperó la salud, dejó su trabajo y se trasladó al sudoeste de los Estados Unidos, donde siempre había querido vivir. Finalmente era libre.

GWEN

Aunque de entrada pueda parecer complicado, los tres métodos (el de los ocho puntos, el de los cinco elementos y el de la figura de

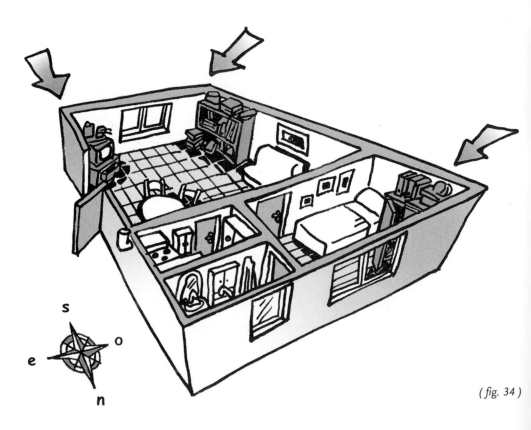

(fig. 34)

palotes) pueden combinarse fácilmente. El resultado le dará una clara visión de lo que pasa y la manera de solucionarlo. Por ejemplo, vamos a ver la situación de Gwen, la cual se sentía muy sola y tenia graves problemas económicos. Gwen vivía en un estudio que estaba desordenado en tres zonas diferentes, tal como muestra la *figura 34.*

Con un esbozo de su cuerpo y las direcciones y puntos relevantes, como el de la *figura 35*, podemos deducir bastantes cosas acerca de su situación.

Si miramos el dibujo del piso en relación con el del cuerpo de Gwen, las áreas desordenadas parecen afectar a su cuello o garganta y a la parte inferior de las piernas. Éstas se corresponden con los elementos Madera y Metal respectivamente y, dado que el Metal destruye la Madera, revela problemas de control y crecimiento personal. A Gwen le resultaba difícil hacer planes y tomar decisiones.

El desorden en las áreas este, sur y oeste incide en los elementos Madera, Fuego y Metal, y muestra una tendencia a la confu-

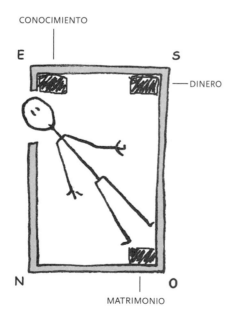

(fig. 35)

sión e indecisión, preocupación por las cuestiones sentimentales, y problemas de control. También señala hacia el este, donde anidan la ira y los trastornos de hígado y la vesícula biliar; el sur refleja un humor cambiante y posibles problemas de corazón, digestión y sistema inmunitario; y el oeste señala aflicción y trastornos pulmonares y del intestino grueso.

Si miramos el espacio según el método de los ocho puntos en combinación con el de los cinco elementos, podemos ver que el punto de conocimiento de Gwen estaba en el este; por lo tanto, su capacidad de comprenderse a sí misma y a su situación estaba mermada por su tendencia a la confusión y la indecisión. Además, puesto que el punto del dinero estaba en el sur, su crecimiento económico estaba siendo frenado por su excesiva preocupación por las cuestiones sentimentales. Finalmente, ya que el punto del matrimonio estaba en el oeste, su necesidad de encontrar pareja se veía inhibida por su incapacidad para controlarse.

Para resolver sus problemas era indispensable llevar a cabo un trabajo interior y, al mismo tiempo, eliminar el desorden. Así pues, Gwen trabajó para superar sus problemas de control, mientras reorganizaba el punto del matrimonio en el oeste. Una vez hecho esto, empezó a sentirse más esperanzada sobre sus perspectivas amorosas. Asimismo, a medida que fue resolviendo sus emociones y reorganizó el punto del dinero en el sur, empezó a experimentar una mayor seguridad y confianza en sí misma, lo cual la llevó a tomar iniciativas positivas para mejorar su economía. Finalmente, Gwen tomó las decisiones que debía, a la vez que reorganizó el punto del conocimiento en el este. Identificó muchas de sus necesidades y empezó a sentirse más osada.

ejercicio

Analice el desorden de su hogar. Si tiene más de una habitación, primero contemple el espacio de forma global, y luego las habitaciones separadamente. Utilice en ambos casos los tres métodos de diagnóstico. Si su hogar es un estudio, considérelo como si fuese un solo espacio.

¿En que áreas se halla el desorden? ¿Coinciden las mismas áreas desordenadas de su casa con las de una o más de sus habitaciones? Por ejemplo, ¿están desordenados el punto del dinero de la casa y el de la sala de estar, el dormitorio y la cocina?

Al utilizar el método de los cinco elementos juntamente con el método de los ocho puntos, ¿a qué emociones apuntan las áreas problemáticas?

Sintetice toda la información obtenida con los tres métodos diagnósticos y determine qué es lo que le dice sobre usted ¿Cómo se relaciona esta información con lo que ha aprendido sobre sí mismo en la primera parte del libro?

Cuando ordene las zonas de desorden de su hogar, elimine lo que ya no le sirva y redistribuya el resto. De este modo, sus actividades adquirirán un nuevo impulso.

CAPÍTULO 11

EMPLAZAMIENTOS DESFAVORABLES DE PUERTAS Y VENTANAS

Cuando las ventanas y puertas están demasiado cerca de las esquinas de una habitación, el *chi* escapa demasiado rápido. La única excepción es la puerta de entrada a la casa o a una habitación. Si estudia este problema con el método de los ocho puntos, podrá ver cómo una ventana o pasillo que esté demasiado cerca de una esquina puede hacer que el *chi* se escape y produzca una disminución, o pérdida, en el área de su vida correspondiente. Los siguientes casos ilustran este problema.

AL

Al estaba viviendo en un piso pequeño cuya puerta a la cocina había sido eliminada.

Además, en la ventana de la cocina, que estaba a unos pocos centímetros de la esquina de la habitación, no había cortinas ni persianas.

El horóscopo chino y la fortuna de la puerta de Al indicaban prosperidad. Sin embargo, los problemas que advertí en su piso reflejaban que se gastaba todo el dinero. Al me confirmó que esto último era cierto. Estaba descontento con sus condiciones de vida y quería trasladarse. El único problema era que, en su frustración, había adquirido la mala costumbre de gastar más de lo que tenía.

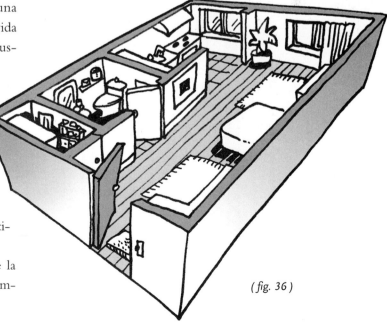

(fig. 36)

Si imaginamos el *chi* como una corriente que entra por la puerta principal y atraviesa el espacio, parece que suceda lo que nos muestra la *figura 37*.

El *chi* se escapa por el punto del dinero. La solución era bastante simple: le recomendé a Al que volviera a colocar la puerta de la cocina y colgara cortinas en la ventana de este espacio.

Cuando Al decidió llevar a cabo estas y otras recomendaciones, que implicaban la eliminación del desorden y el uso del color, sus sentimientos de frustración disminuyeron, y empezó a reorganizar su economía y a hacer planes para mudarse a un apartamento más grande y cómodo.

PAT Y TOD

Pat y Tod viven en una casa cuya forma básica es la de la *figura 38*.

En el punto del dinero, situado al fondo de la sala de estar, había una gran ventana con puertaventanas que daba a un jardín. En el punto del matrimonio había un aseo que no se usaba, cuyas cañerías estaban en mal estado. A su vez, el aseo estaba al lado de un pequeño cuartito desordenado que había sido el cuarto de la criada y ahora era una despensa, la cual estaba situada justo al lado de la cocina.

El punto del dinero y del matrimonio me revelaban que Pat y Tod pasaban estrecheces económicas y que su matrimonio se estaba desintegrando. Me confirmaron que era cierto.

Para corregir estas condiciones indeseables, les recomendé que colgaran unas cortinas de encaje en la ventana del punto del dinero; de este modo, las cortinas retendrían el *chi* y, por tanto, su dinero. En el punto del matrimonio, sugerí que sacaran el aseo,

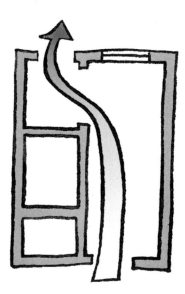

(*fig. 37*)

DINERO

MATRIMONIO

(fig. 38)

derribaran la pared e hicieran un estudio. El nuevo espacio, una vez ampliado y reordenado serviría para abrir el *chi* en el punto del matrimonio y aliviar sus tensiones.

Poco después de que Pat y Tod hubieran realizado estos cambios, que incluían el uso de colores, empezaron a sentirse más felices y seguros. Tanto su economía como su relación empezaron a mejorar.

 *ejercicio*

Examine cuidadosamente su casa con el método de los ocho puntos. ¿Hay alguna área por donde el chi se escape, debido a ventanas o a una puerta de entrada mal situadas? ¿Qué le dice esto sobre sus circunstancias personales?

Si en las habitaciones hay ventanas que están demasiado cerca de las esquinas, cúbralas con cortinas o persianas.

Si en alguna habitación hay una puerta que dé al punto del dinero o del matrimonio de otra habitación, asegúrese de mantenerla cerrada para evitar que el chi se escape. Coloque cerca de ésta una planta grande, natural o de seda, para ocultar parte de la puerta.

Las ventanas y puertas en mitad de las paredes —en el punto del trabajo, la familia, la fama y los hijos— no presentan problemas y no necesitan ningún tratamiento especial.

CAPÍTULO 12

ESTUDIAR LA FORMA DE SU ESPACIO

E n este capítulo, exploraremos las irregularidades del diseño arquitectónico valiéndonos de los tres métodos de diagnóstico, y veremos cómo resolver estos problemas con la ayuda de espejos, plantas, biombos y colores.

EL MÉTODO DE LA FIGURA DE PALOTES

Si estudia su espacio como si fuese un contenedor o una carpeta para su cuerpo, verá como las formas irregulares tienden a oprimir su *chi*.

La forma de la *figura 39* parece apretar la cabeza y limitar la visión; significa estrechez de miras y/o dolores de cabeza, tanto literal como figuradamente.

El espacio puede ampliarse visualmente con la ayuda de espejos. Pueden colocarse espejos de cuerpo entero en uno o en ambos lados de la pared, tal como indican las flechas en la *figura 40*.

(fig. 39)

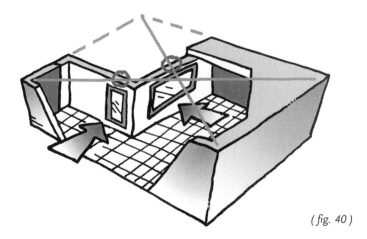

(fig. 40)

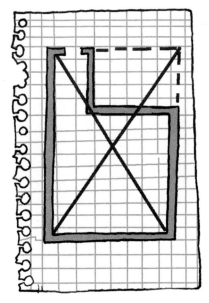

(fig. 41)

Una solución menos costosa es tomar una copia del plano de su casa y extender las líneas hasta obtener un cuadrado o rectángulo. Después trace dos diagonales, como se muestra en la *figura 41*. Los puntos donde las diagonales cortan la pared son los más críticos. Es allí donde usted debería colgar los espejos, tal como indican los círculos de la *figura 42*.

La *figura 43* muestra otro espacio irregular que oprime la parte superior del torso, o tórax, y por tanto, también aprieta el corazón, los pulmones y la función constrictora del corazón. Esto implica aflicción y sentimientos de amor complicados.

Si se propone tapar toda una pared con un espejo, la mejor opción sería la que indica la flecha A en la *figura 44*. La segunda alternativa sería la señalada por la flecha B.

El espacio de la *figura 45* oprime el centro del torso o parte superior del abdomen (hígado, vesícula biliar, estómago, bazo, páncreas e intestino delgado). Este espacio revela la existencia de ira, preocupación, trastornos digestivos y dificultades para asimilar ideas nuevas. Su tratamiento sería el mismo que en la *figura 44*.

El espacio de la *figura 46* oprime el bajo torso, o parte inferior del abdomen, y por tanto, afecta a los riñones, la vejiga, los órga-

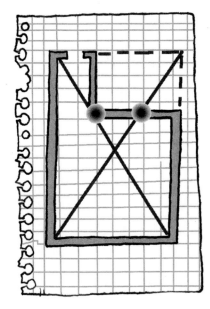

(fig. 42)

(fig. 43)

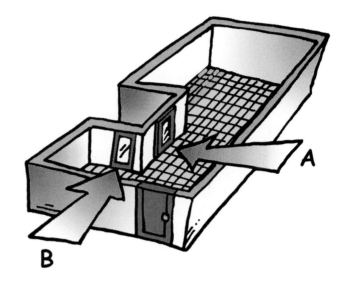

(fig. 44)

(fig. 45)

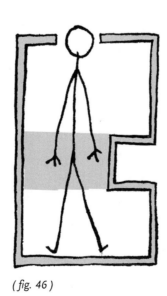

(fig. 46)

(fig. 47)

nos sexuales y el intestino grueso. Este espacio señala miedo y pena.

Además de las indicaciones expuestas más arriba, las formas de las *figuras 43-46* oprimen el llamado triple calentador, la función que regula los fuegos digestivos y la temperatura del cuerpo en el torso superior, medio e inferior.

El espacio de la *figura 47* impide el movimiento, lo cual dificulta la realización de los objetivos marcados y causa frustración e ira.

Este espacio debe tratarse de la misma manera que en las *figuras 40-42*.

Aunque las habitaciones en forma de «L» son bastante habituales en el Feng Shui, se considera que están desequilibradas. Puede colocar espejos, como muestran las *figuras 40-42* o, si hay suficiente espacio, puede redefinir las áreas con plantas grandes, un biombo o un mueble, por ejemplo, un sofá o una cajonera como muestra la *figura 48*.

(*fig. 48*)

EL MÉTODO DE LOS CINCO ELEMENTOS

A continuación, veremos una técnica muy eficaz para equilibrar la energía de su espacio con colores, independientemente de su estrella de nacimiento o sus estrellas de la suerte.

Para ilustrar esta técnica, puede emplearse la *figura 49* como modelo de referencia. Fíjese en que las esquinas señalan al nordeste, sudeste, sudoeste, y noroeste. Si las esquinas de su casa no apuntan a estas direcciones, sino que están orientadas hacia los puntos cardinales (norte, este, sur y oeste) las irregularidades formales de su casa no se parecerán mucho a las ilustradas en las *figuras 50-68*. Sin embargo, esto no altera ninguna de las indicaciones o remedios. Estudie este apartado cuidadosamente para entender cómo se aplica a su espacio.

Cuando un espacio tiene una forma irregular, esto afectará a alguno de los elementos, que quedará exagerado o deprimido. Si examina cuidadosamente el plano de la casa, podrá reconocer una área exagerada o deprimida por su tamaño en relación con el área principal de su espacio. Ésta es siempre

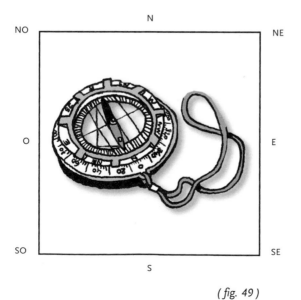

(*fig. 49*)

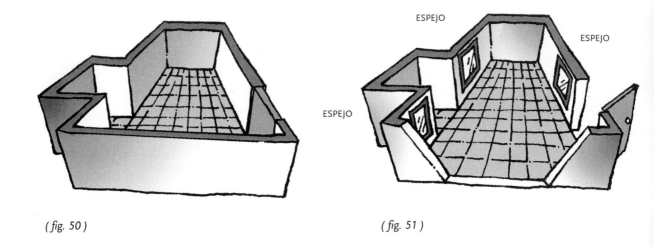

(fig. 50)

(fig. 51)

ESPEJO

ESPEJO

ESPEJO

mayor que el área exagerada o deprimida, la cual nunca supone más de un tercio del área principal.

ÁREAS EXAGERADAS

Norte. Donde el norte esté exagerado, el elemento Agua mostrará desequilibrio y será demasiado fuerte. Si el agua suele estar desequilibrada en su cuerpo y usted vive en un espacio como éste, sus síntomas se agudizarán. Es posible que tenga miedo, que esté abrumado o desbordado por los problemas, o que esté bloqueado emocionalmente. Los síntomas de estrés también tienden a manifestarse en el sistema nervioso, en los huesos y articulaciones, en los riñones, la vejiga, las glándulas suprarrenales y los órganos sexuales. En cuanto a sus actividades, un norte exagerado tenderá a acarrear dificultades en los viajes y negocios; también existe la creencia de que este desequilibrio puede incitar a robar.

Para remediar una área norte exagerada, como la de la *figura 50*, coloque espejos en las paredes, tal como muestra la *figura 51*.

Una solución más sofisticada sería pintar y decorar el área norte exagerada —especialmente la pared norte— de verde y/o azul claro. En este caso, sería muy efectivo un florero azul con juncos. También podría colgar en la pared norte un espejo rectangular en posición vertical, con un marco de madera verde o azul.

Nordeste y sudoeste. En las *figuras 52, 53 y 54* las regiones nordeste y sudoeste están exageradas, con lo que el elemento Tierra está desequilibrado y es demasiado fuerte.

Un exceso de Tierra indica egoísmo, arrogancia, testarudez, pérdida del equili-

brio, obesidad, inflamación abdominal y trastornos alimentarios. Además, la *figura 52* muestra una prosperidad que se pierde por culpa de la avaricia, la *figura 53* señala pérdidas causadas por la codicia y el robo, y la *figura 54* representa una madre y ama de casa fuerte y autoritaria.

Para remediarlo, utilice el blanco en las áreas expandidas. También podría colgar espejos redondos u ovalados, tal como indican las flechas. Si los espejos tienen marcos, éstos deberían ser blancos y/o estar hechos de metal.

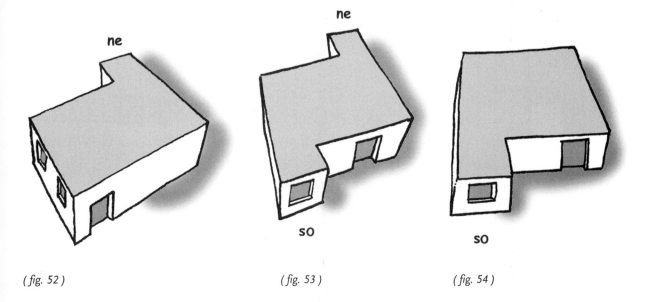

(fig. 52)   (fig. 53)   (fig. 54)

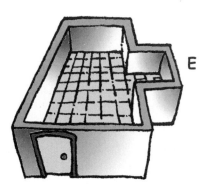

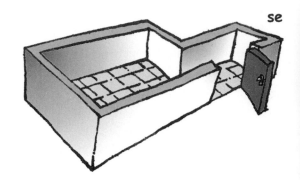

(fig. 55)

(fig. 56)

Este y sudeste. En las *figuras 55 y 56*, el este y el sudeste están exagerados, por lo tanto, la Madera se halla en desequilibrio y es demasiado fuerte.

Un exceso de Madera indica ira y una visión distorsionada de la realidad, tanto desde el punto de vista literal como figurado, además de problemas relacionados con el hígado y la vesícula biliar.

Para reequilibrar el espacio, pinte y decore las áreas expandidas con tonos rojos y/o púrpura. También puede poner un jarrón rojo o púrpura con muchas flores de variados colores.

Sur. En la *figura 57*, el sur está exagerado. Indica que el Fuego es demasiado fuerte y está desequilibrado.

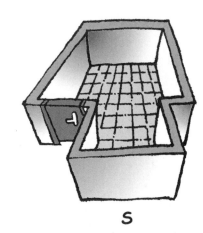

(fig. 57)

Un exceso de Fuego indica emociones cambiantes, esfuerzos desmesurados y estrés emocional y mental, así como trastornos digestivos, presión arterial alta y afecciones cardíacas.

Para sanar este espacio, pinte el área sur expandida de amarillo u otro tono terroso. También puede colgar un espejo cuadrado con un marco amarillo o marrón, y/o crear un jardín interior rocoso en la pared sur.

Oeste y noroeste. En las *figuras 58 y 59*, el oeste y el noroeste están exagerados, lo que revela que el Metal se encuentra en desequilibrio y es demasiado fuerte.

Un exceso de Metal indica obstinación extrema, aflicción y bloqueo emocional, así como trastornos del intestino grueso y los pulmones. Además, una excesiva expansión en el oeste refleja fortunas en declive. Una expansión excesiva en el noroeste muestra la influencia de un marido o padre arrogante.

Para remediar estos problemas, utilice el negro o el azul oscuro para las áreas expandidas. También puede colgar espejos redondos u ovalados con marcos negros en las paredes, tal como indican las flechas.

ÁREAS HUNDIDAS

Norte. En la *figura 60*, el norte está deprimido –o hundido–, lo cual significa que el

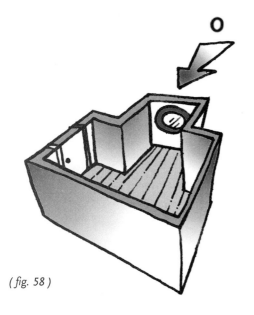

(fig. 58)

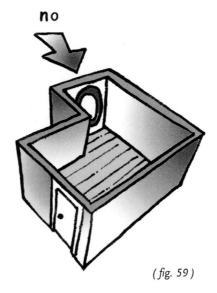

(fig. 59)

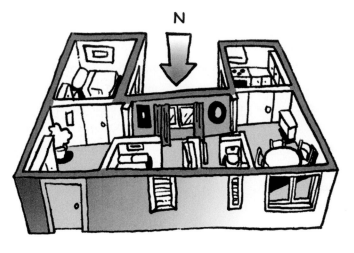

N

(*fig. 60*)

Agua está en desequilibrio y es demasiado débil. El Agua deprimida es sinónimo de problemas de salud como falta de vitalidad, depresión, lentitud de pensamiento, rigidez y ansiedad, además de retenciones, intoxicación, disfunción sexual, degeneración de las articulaciones, y enfermedades que afectan a los oídos, los nervios, la vejiga y los riñones.

Para paliar este desequilibrio del espacio, cuelgue algo negro o azul oscuro en la pared interior o, si lo prefiere, pinte la pared de azul intenso. También puede colgar un espejo redondo u ovalado con un marco negro en la pared que señala la flecha. Si el espejo es azulado, aún mejor.

Nordeste y sudoeste. En las *figuras 61, 62 y 63*, el nordeste y el sudoeste están deprimidos, lo que señala que la Tierra sufre un desequilibrio y es demasiado débil.

La Tierra deprimida refleja sentimientos de inestabilidad e inseguridad. También indica problemas de sueño, alimentación pobre y problemas relacionados con la concepción y la maternidad. La *figura 62* es la peor en este sentido. La *figura 61* expresa, además, una necesidad de protección, ya que apunta a sucesos extraños e inesperados; la *figura 62* muestra una prosperidad que no durará; y la *figura 63,* la presencia de una esposa y madre débil.

Para sanar estos espacios, puede utilizar el amarillo en las áreas hundidas. En un espacio como el de la *figura 62*, podría colocar una alfombra amarilla en la zona central. Si la superficie lo permite, también puede crear un pequeño jardín rocoso alrededor de las áreas hundidas para compensar la falta de Tierra. Si desea colgar espejos en las paredes de las áreas hundidas, éstos deberían ser cuadrados y tener marcos amarillos o marrones.

(fig. 61)

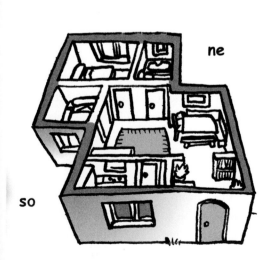

(fig. 62)

(fig. 63)

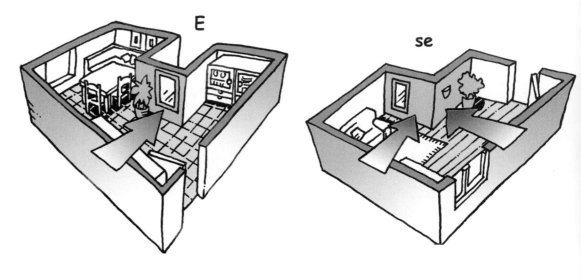

(fig. 64)   (fig. 65)

Este y sudeste. En las *figuras 64 y 65*, el este y el sudeste están deprimidos; por lo tanto, la Madera se halla en desequilibrio y es demasiado débil.

La Madera deprimida indica confusión, pensamientos y emociones bloqueados, miedo a estar atrapado, encerrado o a asfixiarse, así como debilidad de los miembros y afecciones del hígado y la vesícula biliar. Asimismo, el sudeste deprimido se considera que es indicativo de mala fortuna en los negocios.

Para reequilibrar un espacio de estas características, pinte de verde las paredes que señalan las flechas. Puede colgar espejos rectangulares con marcos de madera verdes o azules, además de plantas naturales.

Sur. En la *figura 66* el Sur está deprimido, lo que indica que hay un desequilibrio en el Fuego y éste es demasiado débil.

Un Fuego deprimido refleja frialdad física y emocional, falta de receptividad, tristeza y dificultades sentimentales, además de visión defectuosa, mala circulación, problemas con la asimilación de la comida, extremidades frías, tensión muscular y del habla.

Para mitigar estas deficiencias, utilice el color rojo o púrpura en la pared que señala la flecha.

El color no debe ser demasiado intenso; puede ser un color lavanda muy claro, violeta o rosa. Otra opción es decorar estas paredes con cuadros u obras de arte de estas tonalidades.

S

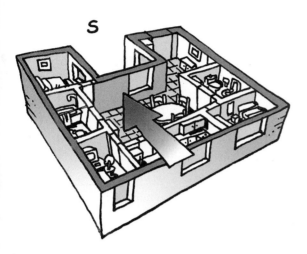

(fig. 66)

O

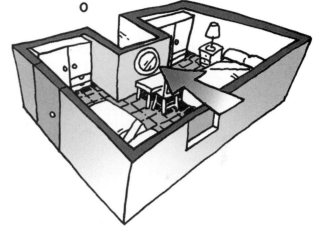

(fig. 67)

Oeste y noroeste. En las *figuras 67 y 68*, el oeste y el noroeste están deprimidos, lo cual indica que el Metal está desequilibrado y es demasiado débil.

El Metal deprimido es sinónimo de falta de comunicación, bloqueos emocionales y límites confusos, además de simbolizar la debilidad que afecta a la eliminación.

Para resolver estos problemas, pinte de blanco las paredes alrededor de las áreas hundidas. También puede colocar espejos redondos u ovalados con marcos blancos y/o de metal en los lugares que señalan las flechas.

El color blanco iluminará el espacio y ayudará a resolver el desequilibrio causado por la debilidad del elemento Metal.

no

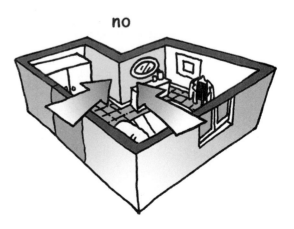

(fig. 68)

EL MÉTODO DE LOS OCHO PUNTOS

Estudie su espacio según el método de los ocho puntos y podrá ver qué áreas de su vida están siendo afectadas.

Por ejemplo, si el área del trabajo se halla exagerada, como en la *figura 57*, sus asuntos profesionales tenderán a colapsarse o a complicarse en exceso, y absorberán la mayor parte de su tiempo, con lo que deberá estar fuera de casa más de lo que desearía.

Si el área del trabajo está deprimida, como en la *figura 66*, sus asuntos profesionales tenderán a paralizarse a causa de condiciones adversas, además de su propia confusión e incapacidad para sortear los obstáculos.

Si el área del conocimiento se halla exagerada, como en la *figura 54*, es posible que sus nuevos conocimientos le hayan conducido a relegar a un segundo plano otras áreas importantes de su vida. Puede que se dé cuenta demasiado tarde de que mucho de lo que aprende apenas le resulta de utilidad.

Si el área del conocimiento está deprimida, como en la *figura 63*, tendrá que superar las limitaciones para encontrar la información que necesita. Quizá haya una laguna en su concepción del mundo.

Si el área de la familia está exagerada, como en la *figura 58*, los asuntos familiares tenderán a complicarse demasiado y acapararán excesivamente su tiempo. Indica la existencia de un pariente autoritario, tal vez no perteneciente al núcleo familiar, que exige demasiada atención.

Si el área familiar está deprimida, como en la *figura 67*, la vida doméstica generará muchas preocupaciones. Quizá un miembro de la familia sufra una larga enfermedad o surja otra desgracia en el seno de la familia.

Si el área del dinero se halla exagerada, como en la *figura 59*, tendrá grandes gastos y dificultades para retener el dinero, o bien su fortuna dejará de crecer.

Si ésta, en cambio, está deprimida, como en la *figura 68*, le resultará difícil manejar sus finanzas. Quizá deba pagar los gastos de alguien y acabe quedándose sin fondos.

Si el área de la fama se halla exagerada, como en la *figura 50*, puede que tenga una excelente opinión de sí mismo, mientras los demás le desacreditan. También es posible que mucha gente venga a pedirle consejo, lo cual solo sirve para agotar su *chi*.

Si ésta se halla deprimida, como en la *figura 60*, puede significar que usted se mantiene a cubierto y vive en el anonimato. También puede poner de manifiesto el hábito de vivir indirectamente a través de otra persona.

Si el área del matrimonio se halla exagerada, como en la *figura 52*, sus relaciones sentimentales puede que se vuelvan demasiado complicadas y tensas. Esto puede desembocar en un distanciamiento repentino, incluso en una separación.

Si esta misma área está deprimida, como en la *figura 61*, y está usted solo, puede que le resulte difícil comprometerse con alguien. Si tiene una relación, es posible que surjan numerosos obstáculos entre ambos.

Si el área de los hijos se halla exagerada, como en la *figura 55*, y tiene usted hijos, puede ser que le resulten indisciplinados y difíciles de entender. Si no tiene hijos, es posible que haya en su vida alguien de carácter infantil que exige demasiada atención.

Si el área de los hijos está deprimida, como en la *figura 64*, el entorno de sus hijos será más bien triste y deficiente en algún aspecto importante; tal vez usted no esté dispuesto a proporcionarles el confort emocional necesario.

Si el área de los amigos está exagerada, como en la *figura 56*, su implicación con la gente quizá le aleje de su hogar. Es fácil que se complique la vida al involucrarse en los asuntos de los demás.

También puede ser que tenga que viajar mucho a expensas de su vida privada, ya que el punto de los amigos también incluye los viajes.

Si esta área está deprimida, como en la *figura 65*, los amigos podrían fallarle. Puede que le cueste obtener ayuda cuando la necesite; o que ésta no llegue, o llegue demasiado tarde. También le resultará difícil cumplir los planes de viaje.

HARRY

A continuación, verá cómo estos tres métodos de diagnóstico fueron utilizados para diagnosticar y tratar un espacio.

Me pidieron que fuera a ver el piso de Harry, el esquema del cual aparece en la *figura 69*. Harry sufría de úlceras y trastornos nerviosos. Esto se refleja en las áreas hundidas que oprimen el centro de la figura de palotes, así como en el nordeste y sudoeste deprimidos que se corresponden con el elemento Tierra. Harry era un hombre muy solitario. Por lo visto, era incapaz de mantener una relación íntima con nadie, como vemos reflejado en el área deprimida del matrimonio. También era extremadamente testarudo, como indica el área deprimida del conocimiento. Los problemas de Harry con el conocimiento y el matrimonio estaban relacionados con el ele-

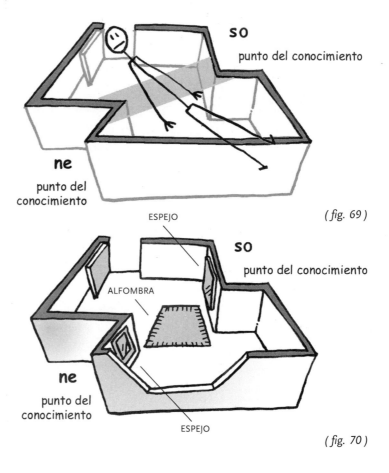

(fig. 69)

(fig. 70)

mento Tierra en el hecho de que se preocupaba demasiado y se sentía inseguro.

Para ajustar el *chi* del espacio, le recomendé que colocara espejos en las paredes, como se muestra en la *figura 70*, y que pusiera una alfombra amarilla en el centro del piso, entre las dos áreas hundidas.

Mientras trataba de solucionar sus problemas de salud, Harry arregló su piso tal como le había sugerido. El *chi* se volvió tranquilo y resplandeciente, y como esto le aportó la seguridad que necesitaba, su nerviosismo se redujo, su salud mejoró ostensiblemente y empezó a cultivar una visión más positiva de la vida.

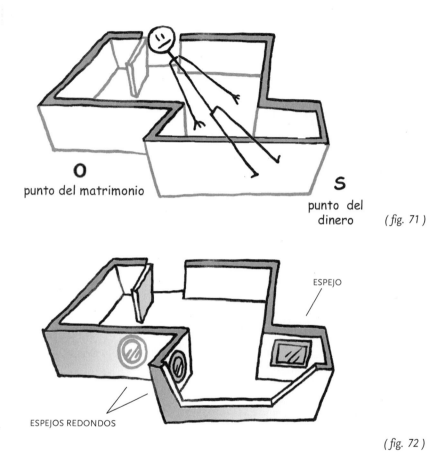

punto del matrimonio

O

S

punto del
dinero   *(fig. 71)*

ESPEJO

ESPEJOS REDONDOS

(fig. 72)

JOAN

Joan tenía problemas económicos y vivía en un piso cuyo esquema básico aparece en la *figura 71*. Además de sus problemas financieros, Joan padecía dolores en la zona lumbar, como sugiere el área hundida. El área exagerada también muestra dificultades para progresar en la vida, ya que sus piernas parecen estar atrapadas allí. El área deprimida del matrimonio, en el oeste, pone de manifiesto que sus problemas para encontrar una relación tenían que ver con bloqueos emocionales y una falta de comunicación, mientras que el área exagerada del dinero, en el sur,

punto de
la familia **no**

(*fig. 73*)

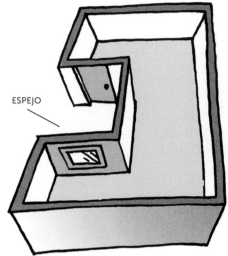

ESPEJO

(*fig. 74*)

indica que sus problemas económicos estaban relacionados con traumas emocionales del pasado.

Para remediarlo, le recomendé a Joan que conservara el color blanco de las paredes hundidas en el área del matrimonio, y que colgara espejos redondos u ovalados en ellas. También le recomendé que pintase de amarillo y pusiera un espejo en la pared interior del área del dinero, como se muestra en la *figura 72*.

El espacio de Joan reflejaba su estado emocional; por tanto, al trabajar en su espacio encontró inspiración para su trabajo interior. Mientras reorganizaba totalmente su piso, como le recomendé, Joan decidió liberarse del pasado, buscar un trabajo más interesante y renovar el interés por la vida social.

ANNE

Anne estaba angustiada por sus problemas con varios familiares. Los contornos de su piso aparecen en la *figura 73*.

Anne tendía a preocuparse excesivamente por las cosas, como puede comprobarse en el área hundida que afecta a la región del estómago. El área familiar deprimida en el noroeste muestra la preocupación que le producía la ruptura de la comunicación con algunos de sus familiares.

Para paliar esta dificultad, le recomendé que pintara de blanco las paredes del área hundida y, dado que era imposible colgar un espejo en la pared más crítica, la noroeste, le sugerí que se reflejara en un espejo de la pared opuesta, tal como muestra la *figura 74.*

Cuando Anne se percató de la sutil conexión que había entre el estado de su apartamento y sus problemas, decidió simultáneamente arreglar su piso y restablecer la comunicación con sus familiares, con quienes tanto deseaba estar en paz.

 ejercicio

1. *Analice su propia casa con los tres métodos de diagnóstico. Primero analice el espacio en conjunto y, después, estudie cada habitación por separado. ¿Hay alguna irregularidad en su forma? Si dibuja una cabeza en la puerta y ocupa el resto del espacio con un cuerpo relativamente proporcionado, ¿dónde le afectan las irregularidades formales? ¿En qué dirección de la brújula se encuentran? ¿Qué puntos, de los ocho, se ven afectados? Intente sintetizar la información que obtenga de la brújula y sus elementos correspondientes a los ocho puntos. ¿Qué le sugiere sobre su situación? ¿Cómo se relaciona con lo que descubrió sobre sí mismo en el Capítulo 10?*

2. *Estudie cómo tratar los diferentes problemas que se discuten en este capítulo. Preste atención a los que se relacionan con los problemas de su propio espacio.*

CAPÍTULO 13

TRABAJAR CON ESPACIOS EXTREMADAMENTE IRREGULARES

Hasta ahora hemos hablado de viviendas que, pese a tener irregularidades, se integraban en torno a una figura geométrica simple.

Ahora veremos casas que están diseñadas con espacios múltiples que se superponen formando ángulos extraños. Estos hogares dan la sensación de estar flotando y a la vez en tensión. Las paredes no son paralelas entre sí, las esquinas no son cuadradas y las habitaciones tienen formas poco habituales. La gente que vive en este tipo de espacios experimenta curiosos cambios en su energía psíquica, su salud y su fortuna.

Puesto que hay una infinita variedad de formas, los métodos del Feng Shui deben ser flexibles. La manera de abordar el diagnóstico y su tratamiento debe ser espontánea e imaginativa.

En la práctica del Feng Shui hay dos formas básicas de equilibrar todas las irregularidades: el círculo, que simboliza el Cielo, y el cuadrado, que simboliza la Tierra. Todas las casas diseñadas con una única forma geométrica, como las comentadas en el Capítulo 12, pueden resolverse con un cuadrado o un rectángulo. El círculo puede ser una forma eficaz para reequilibrar una casa con una forma poco común, especialmente si está situada en el campo. En este caso pueden realizarse cambios en el paisaje para favorecer la armonía del conjunto.

CHLOE

La *figura 75* nos muestra el piso de Chloe.

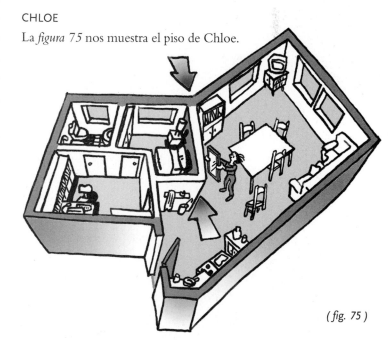

(*fig. 75*)

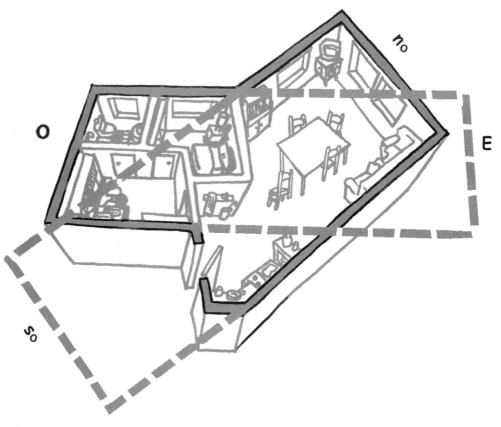

(fig. 76)

Observe cómo el piso está integrado por dos formas geométricas superpuestas. La cuestión, en este caso, era armonizar ambas áreas.

Descubrí que los elementos del rectángulo este-oeste eran Madera y Metal respectivamente, y que el elemento del rectángulo nordeste y sudoeste era Tierra. Para integrar la Madera, la Tierra y el Metal, ne-

cesitamos Fuego, ya que la Madera genera Fuego, el Fuego genera Tierra, etcétera. Por lo tanto, recomendé que pintara la pared, señalada con flechas en la *figura 75*, de un tono rojizo o púrpura.

También le aconsejé que colocara un espejo en esta misma pared roja de la sala de estar para crear de esta manera una ilusión de simetría.

Todos los pequeños detalles de la entrada de nuestro hogar, incluso aquellos que a nosotros mismos nos pasan desapercibidos, ponen de manifiesto el talante y el carácter de quiénes lo habitan.

Brújula tradicional *Lo-pan*. Las escuelas de la brújula y la forma, basadas en los mismos principios del horóscopo chino y el *I Ching*, se usan para determinar y ajustar nuestra relación con la Tierra.

Se debe evitar que las escaleras interiores
sean un obstáculo para acceder al corazón de nuestro hogar,
deben sugerir su amplitud hacia arriba o hacia abajo.

La sala de estar es el centro de ocio; el lugar en el que la familia
se une para disfrutar de esa parte de nuestro tiempo que dedicamos
a actividades cuyo único fin es la diversión conjunta.

El tamaño y consistencia de una puerta debe estar
en consonancia con el lugar al que da acceso;
ha de ajustarse a su ambiente y espíritu.

Las ventanas son los ojos de las casas,
el espacio por el que miramos y somos mirados;
el que nos dice que no estamos solos.

La iluminación se utiliza para equilibrar el Yin y Yang de una habitación.

El *chi* varía según la distribución de los muebles y los objetos.
Su colocación servirá para guiar o conducir
la circulación del chi a través de las habitaciones.

Las fuentes interiores se consideran el origen
de prosperidad y buen *chi*.

La decoración simbólica se utiliza para centrarse en los objetivos.

La cocina simboliza el amor, los cuidados, el conocimiento, la abundancia. Se puede considerar como una representación de los regalos de la vida.

El dormitorio es el lugar donde se renueva nuestra energía; es por tanto, uno de los espacios claves de nuestra subsistencia junto con el comedor y la cocina.

Las ventanas en el cuarto de baño facilitan
la circulación de aire y del *chi*.

Yin y Yang son los aspectos del chi que se asocian a la constitución física de la persona, así como al equilibrio en la actividad y a la distribución de espacios en el hogar.

El Feng Shui también puede llegar a nuestro jardín, lugar que nos sirve para la calma cuando todo en el interior de nuestra casa sea acción, movimiento y energía.

Nuestra casa debe ser el territorio perfecto. Un espacio que nos permite sentirnos seguros, partícipes de cuanto nos rodea y, al mismo tiempo, observadores sin ser excesivamente observados.

LARRY Y RUTH

La *figura* 77 nos muestra el plano de otro apartamento poco común, cuya forma fue la causa del conflicto entre sus ocupantes, Larry y Ruth.

Esta forma es básicamente un triángulo y, por tanto, se corresponde con el Fuego. El triángulo es la forma geométrica más iracunda que existe, puesto que inspira expansión y agresión. En este piso, el vértice apunta al norte, la dirección del elemento Agua, y dado que la puerta de entrada está orientada al sur, el piso está regido por el elemento Tierra. Así pues, Fuego y Tierra están en desequilibrio con el Agua y deben integrarse. Puesto que el elemento Fuego de la forma del apartamento genera el elemento Tierra que rige éste, y puesto que el elemento Tierra destruye el elemento Agua, el vértice no sólo señala el norte, sino que «ataca» el norte.

Para apaciguar la energía, utilicé la Tierra de la puerta principal para favorecer el Agua en el norte mediante la colocación de un pequeño espejo redondo, que se corresponde con el elemento Metal, directamente dentro del vértice del norte.

También les recomendé que pusieran algunas plantas en el área del punto norte para incorporar el elemento Agua al espacio. Así

(fig. 77)

pues, lo que en un principio era como un campo de batalla, se transformó en un hogar de paz y armonía que permitió a Larry y Ruth relajarse y solucionar sus diferencias.

LOUISE Y ALEX

La *figura* 78 muestra una casa de campo poco corriente en la que una vez trabajé.

La parte central entre los dos cuadrados es la cocina. Un cuadrado está orientado hacia el este, la dirección de la Madera, y el

E   O

(fig. 78)

(fig. 79)

otro hacia el oeste, la dirección del Metal. El Metal corta la Madera, una mitad está en lucha contra la otra. Los habitantes de esta casa, Louise y Alex, eran un matrimonio. Estábamos en la cocina hablando sobre qué colores utilizar, cuando empezaron a discutirse; no era de extrañar.

Los colores que les recomendé para la cocina —el área de mayor tensión— fueron el rojo y el amarillo. No en vano sus elementos correspondientes, Fuego y Tierra, favorecen la armonía entre las áreas Madera y Metal; la Madera genera Fuego (rojo), el Fuego genera Tierra (amarillo) y la Tierra genera Metal.

Una vez armonizada la oposición entre la Madera y el Metal, era necesario averiguar cómo integrar la estructura general de la casa. Decidí trabajar con el círculo.

Como puede verse en la *figura 79*, dibujé el plano de la casa dentro de un círculo. Alargué las líneas de los cuatro lados de los cuadrados hasta tocar con el perímetro de la circunferencia.

En los puntos donde las líneas del cuadrado occidental cortaban el círculo, les recomendé que crearan unos pequeños jardines rocosos con flores de color rojo y púr-

pura, y en los puntos de intersección con el círculo del cuadrado oriental les sugerí que plantaran árboles de una misma especie, como el fresno o el aliso.

La circunferencia integra la casa de dos maneras: primero, resuelve los dos cuadrados que se hallan en conflicto; y, en segundo lugar, crea un puente entre los elementos de la Madera y el Metal compuesto por el cuadrado oriental y los árboles elegidos para la Madera, las flores de color rojo y púrpura para el Fuego, los jardines rocosos para la Tierra, y el cuadrado occidental para el Metal.

 ejercicio

Si vive en un espacio con una forma poco corriente, experimente con el plano de su casa hasta que descubra las formas que lo integran. El plano probablemente se resolverá con dos o tres rectángulos. Encuentre las direcciones con la ayuda de la brújula y determine los elementos correspondientes. Juzgue la armonía o discordia de estos elementos según la secuencia de generación. ¿Qué elemento falta para alcanzar la armonía? ¿Qué color se corresponde con el elemento necesario? Procure poner este color donde las formas queden superpuestas, como vimos anteriormente en las figuras 75 y 76.

CAPÍTULO 14

ARMONIZAR CON COLORES EL *CHI* DEL HOGAR

Y a sabe cuáles son su colores personales en función de sus estrellas de nacimiento y de la suerte. También ha visto cómo armonizar el elemento de su estrella de nacimiento con el elemento de la dirección de su puerta, el cual se determina con la brújula. Asimismo, ha aprendido a utilizar los colores para equilibrar las irregularidades del espacio.

Ahora le mostraré cómo utilizar los colores para que cada área de su hogar esté en completa armonía con el elemento de la dirección de la puerta de entrada, independientemente de quien viva en la casa.

Tome el plano de su casa. Si vive en una casa de dos o más pisos, necesitará trabajar con el plano de cada piso. Marque la dirección de la puerta. Recuerde que la dirección de la puerta se determina mirando hacia fuera. Por tanto, la dirección del segundo piso es la que usted ve desde arriba de las escaleras, y la dirección del sótano es la que ve desde abajo mirando hacia arriba. Este método también es aplicable a cada una de las habitaciones. La dirección de la puerta es la

(fig. 80)

que se obtiene al mirar hacia fuera desde la puerta de la habitación.

Una vez haya proyectado las líneas de su espacio hasta conseguir un cuadrado o rectángulo, marque las ocho direcciones alrededor del dibujo, trace dos diagonales de esquina a esquina, como en la *figura 80*, y dibuje un diagrama radial sobre el espacio que comprenda las ocho áreas de la brújula, como en la *figura 81*.

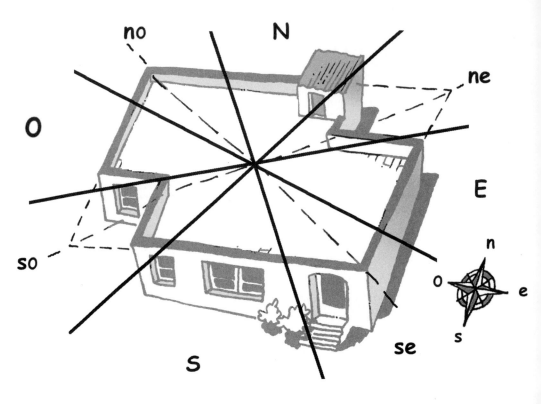

(*fig. 81*)

PUERTA ORIENTADA AL SUR

Si su puerta de entrada está orientada hacia el sur, las áreas que dan al sudoeste, oeste, no-roeste y nordeste no están en armonía y necesitan equilibrarse. Utilice el blanco en las áreas del sudoeste y nordeste, y el amarillo en las del oeste y noroeste, como muestra la *figura 82*. La gama de blancos también incluye el marfil, el gris y el plateado; el amarillo incluye desde el marrón oscuro hasta marrones claros, naranjas y el color dorado.

Las áreas al norte, este, sudeste y sur son positivas y no necesitan tratamiento especial. Puede usar el color de su estrella de nacimiento, el color que armoniza ésta última con la estrella de la puerta de entrada, o los colores de sus estrellas de la suerte.

PUERTA ORIENTADA AL SUDOESTE

Si su puerta da al sudoeste, las áreas al norte, este, sudeste y sur necesitan equilibrarse.

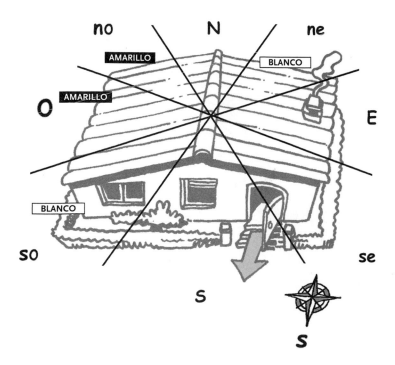

(fig. 82)

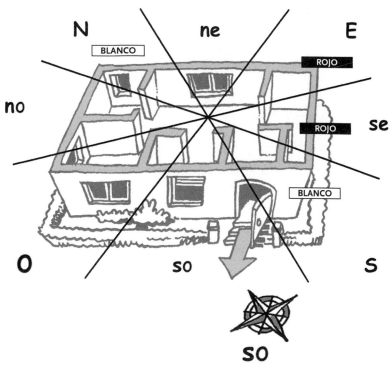

(fig. 83)

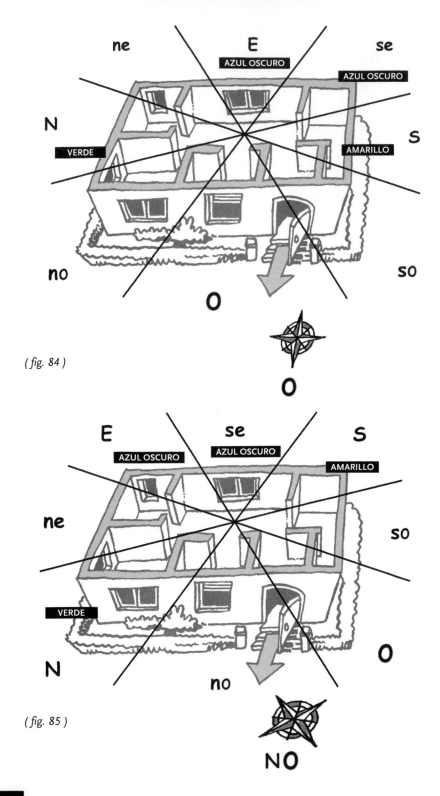

(fig. 84)

(fig. 85)

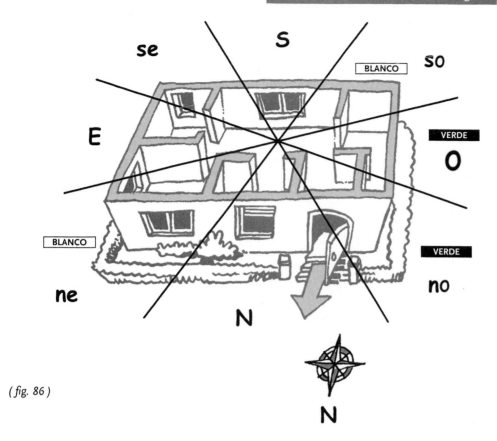

(fig. 86)

Utilice el color blanco para las áreas norte y sur, y rojo o púrpura para las del este y sudeste, como muestra la *figura 83*. La gama de rojos y púrpuras incluye todos los tonos, desde los más oscuros hasta los más claros, incluyendo colores como el rosa, el violeta y el lavanda.

PUERTA ORIENTADA AL ESTE

Si su puerta de entrada da al oeste, las áreas norte, este, sudeste y sur no están en armonía y necesitan equilibrarse. Utilice cualquier tono verde y/o matices más claros de azul en el área norte; negro, azul marino o azul oscuro en las áreas este y sudeste, y amarillo en el sur, como muestra la *figura 84*.

PUERTA ORIENTADA AL NOROESTE

Si su puerta de entrada da al noroeste, las áreas norte, este, sudeste y sur no se hallan en armonía y necesitan equilibrarse. Utilice verde y/o azul claro en el área norte; negro, azul marino o azul oscuro en las áreas este y sudeste, y amarillo en el sur, como en la *figura 85*.

PUERTA ORIENTADA AL NORTE

Si su puerta de entrada da al norte, las áreas del noreste, sudoeste, oeste y noroeste no están en armonía y deben equilibrarse. Utilice el blanco en las áreas nordeste y sudoeste, y verde y/o azul claro en las áreas oeste y noroeste, como en la *figura 86*.

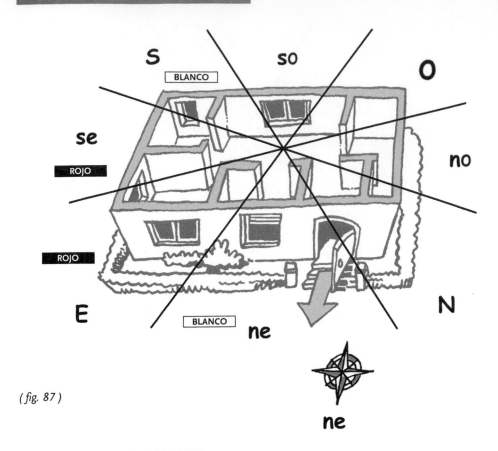

(fig. 87)

PUERTA ORIENTADA AL NORDESTE

Si su puerta de entrada da al nordeste, las áreas este, sudeste, sur y norte no se hallan en armonía y necesitan equilibrarse. Utilice rojos y/o púrpuras en las áreas este y sudeste, y blanco en las del sur y norte, como muestra la *figura 87*.

PUERTA ORIENTADA AL ESTE

Si su puerta de entrada da al este, las áreas del sudoeste, oeste, noroeste y nordeste no están en armonía y deben equilibrarse. Utilice rojos y/o púrpuras en las áreas sudoeste y nordeste, y negro, azul marino o azul oscuro en el oeste y noroeste, como muestra la *figura 88*.

PUERTA ORIENTADA AL SUDESTE

Si su puerta de entrada da al sudeste, las áreas del sudoeste, oeste, noroeste y nordeste necesitan equilibrarse. Utilice rojos y/o púrpuras en las áreas sudoeste y nordeste, y negro, azul marino o azul oscuro en el oeste y noroeste, como en la *figura 89*.

ESPACIOS POCO COMUNES

Para equilibrar un espacio poco común, debe valorarse la relación de las diferentes áreas con la puerta de entrada. Como en la *figura 90*, primero determine el elemento de la puerta y después del resto del espacio.

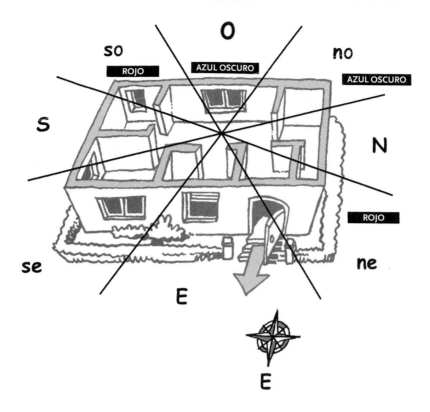

(fig. 88)

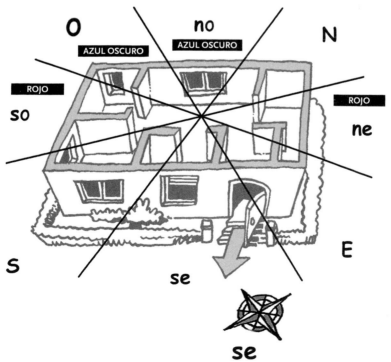

(fig. 89)

Sudoeste

fachada
al este

(fig. 90)

El elemento del este que da a la puerta es la Madera, y del área sudoeste es la Tierra. La Madera y la Tierra no están en armonía. Para equilibrarlas es necesario el Fuego. Por lo tanto, en el área sudoeste debería haber rojos y/o púrpuras.

TONOS YIN Y YANG

El último, pero no menos importante, detalle a considerar antes de elegir los colores es el tono, o grado de oscuridad o luminosidad, el cual irá en función de los aspectos Yin y Yan.

La elección del tono depende de dos cosas: si quiere que su hogar sea Yin o Yang para adaptarse a su constitución física y a su profesión, y si la función de la habitación es Yin o Yang.

Las habitaciones Yang son la sala de estar, la cocina, el comedor, la sala familiar, el cuarto de juegos y el despacho. Las habitaciones Yin son el dormitorio y el cuarto de baño. El estudio y el apartamento son Yin y Yang. Por lo tanto, los colores del Fuego de la sala de estar deben ser diferentes a los del dormitorio. En el comedor deberían dominar los tonos rojo y púrpura luminoso, mientras que el dormitorio debería contar con rojos más oscuros y sutiles, así como el color ciruela, azules púrpuras, tonos lavanda y violeta.

Ahora puede combinar los tres niveles de este sistema de colores. Una vez haya encontrado los colores para equilibrar su estrella de nacimiento con la puerta de entrada, y haya resuelto las irregularidades formales de su espacio —además de armonizar sus diferentes áreas con la puerta— se dará cuenta de que hay algunas zonas que no precisan de ningún color en especial. En estas áreas puede usar libremente sus colores personales, los que vienen determinados por su estrella de nacimiento y por sus estrellas de la suerte. También puede utilizar sus colores personales en las otras áreas, en combinación con los colores para armonizar el espacio. Los siguientes ejemplos le mostrarán cómo hacerlo.

ROSE

Rose, nacida el 1 de diciembre de 1959, vive en el piso ilustrado en la *figura 91*.

(*fig. 91*)

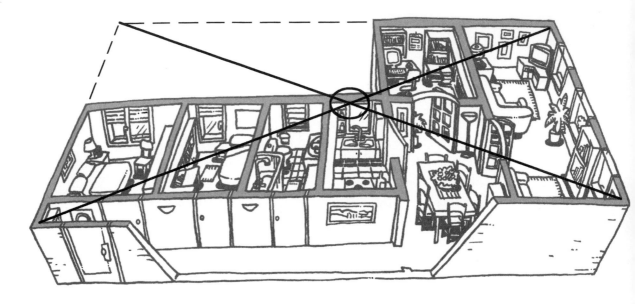

(fig. 92)

La estrella de nacimiento de Rose es la Estrella Agua 1, cuyos colores son el negro, el azul marino y el azul oscuro.

Dado que su puerta de entrada está orientada hacia el norte, el Agua, no hay discordia alguna entre su puerta y su estrella de nacimiento.

Puesto que Rose nació en el décimo mes solar chino de un Año Agua 1, sus estrellas de la suerte son Metal 6 y Metal 7, cuyos colores son el blanco y el rojo respectivamente. Al combinar estos colores con su estrella de nacimiento, obtuve un abanico de colores a partir del negro y/o azul oscuro, el blanco y el rojo.

Para reparar la forma irregular del piso de Rose, utilizamos el blanco en el área sudoeste exagerada y colocamos un espejo redondo en la pared que señala la flecha de la *figura 91*.

Para equilibrar las diferentes áreas del espacio que no estaban en armonía con la puerta de entrada, primero definí el centro del piso, como muestra la *figura 92*, y dibujé las ocho áreas como puede verse en la *figura 93*.

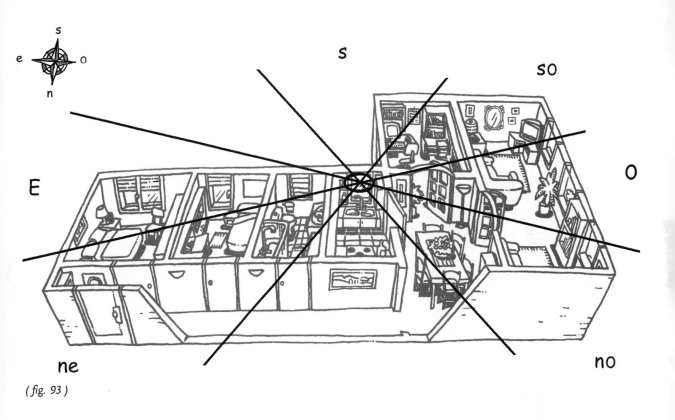

(*fig. 93*)

La puerta de entrada de Rose está orientada hacia el norte (la dirección del Agua), o sea que las áreas que había que equilibrar eran las del nordeste, noroeste, oeste y sudoeste. Se usó el blanco en las áreas del nordeste y el sudoeste, y el azul en las áreas oeste y noroeste.

El pasillo se pintó de blanco, el comedor se decoró con tonos azules claros, el estudio con una combinación de colores crema, y en la sala de estar se utilizó el color blanco en el sudoeste, pasando a azules claros en las áreas oeste y noroeste

El primer dormitorio ya daba al este y no necesitaba equilibrarse; por tanto, se decoró de rosa, un tono Yin del color de la suerte de Rose, que es el rojo. El segundo dormitorio se decoró con una combinación de crema y rosa.

El cuarto de baño se decoró combinando el blanco y el negro. La cocina estaba en el área central, la correspondiente al elemento Tierra, y no estaba en armonía con el Agua de la puerta de entrada orientada al norte. Así pues, la cocina se equilibró utilizando el blanco, el color del metal.

(fig. 94)

CHARLES

Ahora veamos el piso de Charles (*fig. 94*). Su estrella de nacimiento es Madera 3 y sus estrellas de la suerte son Agua 1 y Fuego 9 y, por tanto, sus colores personales son el verde, el azul, el blanco y el púrpura.

El conflicto entre el elemento de la puerta de entrada, el Metal, y el elemento de la estrella de nacimiento de Charles, la Madera, se mitigó pintando de negro la cara inte-

rior de la puerta. Este color no sólo resolvió el conflicto, sino que además produjo un efecto elegante.

Al determinar las diferentes direcciones espaciales con la brújula, como muestra la *figura 95*, encontré que las áreas orientadas al norte, este, sudeste y sur no estaban en armonía y que para conseguirla necesitaban verde, azul oscuro y amarillo respectivamente.

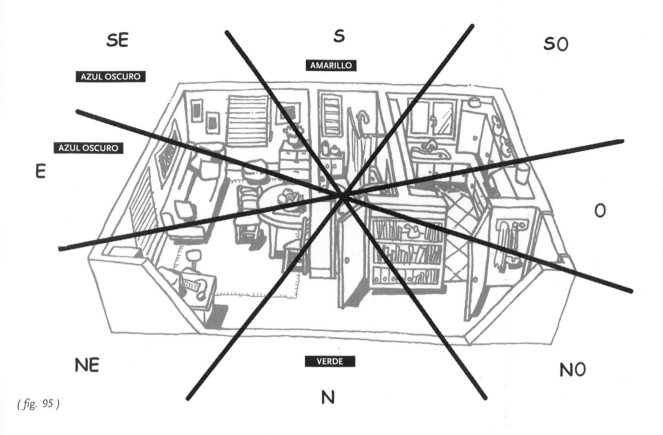

SE

S

SO

AZUL OSCURO

AMARILLO

AZUL OSCURO

E

O

NE

VERDE

NO

N

(fig. 95)

Por lo tanto, se colgó un tapiz verde en el punto norte, el cuarto de baño fue decorado con blancos y dorados, y el estudio se pintó de blanco y se decoró con una alfombra china azul oscuro. Sobre el sofá de la esquina sudeste se colocó un *batik* africano blanco y negro, y fotografías en blanco y negro en las paredes. Unas persianas venecianas azules sirvieron para crear una luz azul en la habitación y una atmósfera refrescante y relajada.

RICHARD Y DOROTHY

Para acabar, veamos el hogar de Richard y Dorothy, nacidos el 22 de marzo de 1959 y el 1 de agosto de 1964 respectivamente.

De acuerdo con las fechas de nacimiento, sus estrellas de nacimiento eran Tierra 5 y Metal 6; las estrellas de la suerte de Richard eran Metal 6 y 7; y las de Dorothy, Tierra 2, Metal 7 y Tierra 8. Metal 7 es favorable para los dos.

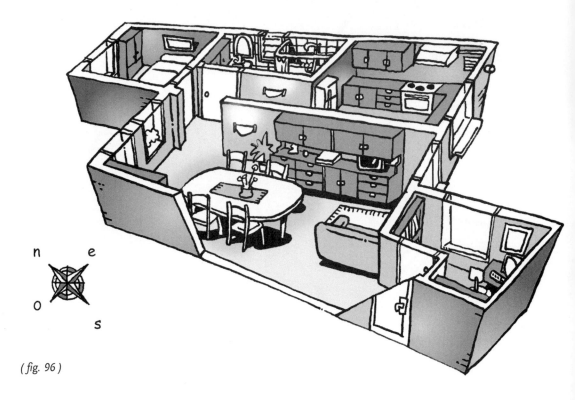

(fig. 96)

El abanico de colores de estas estrellas está integrado por el amarillo y el blanco para Tierra 5 y Metal 6, y los colores de las estrellas de la suerte son negro, rojo y blanco para Tierra 2, Metal 7 y Tierra 8. El rojo es un color de la suerte para ambos.

Dado que no había ningún conflicto entre las estrellas de nacimiento de la pareja y la puerta de entrada, no hubo que tomar ninguna medida.

Las áreas exageradas norte y sur del hogar de Richard y Dorothy debían ser equilibradas con colores. El área norte necesitaba azul claro y el sur, amarillo.

Al trazar las diferentes direcciones espaciales con la brújula, tal como muestra la *figura 97*, descubrí que las áreas norte, sur, este y sudeste no estaban en armonía y necesitaban blanco y rojo para equilibrarse.

Por lo tanto, el dormitorio fue decorado con blanco y tonos azules, el estudio con blanco, marrón claro y rojo, y el cuarto de baño de color blanco; además, se colgaron cortinas rojas en las ventanas que daban al sudeste.

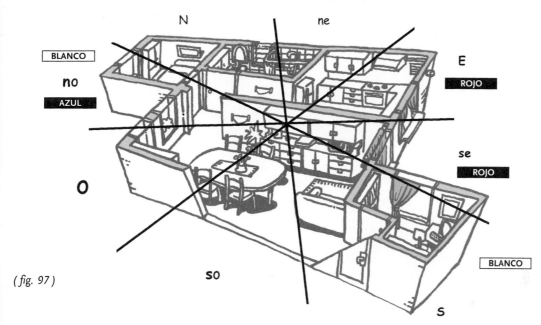

(*fig. 97*)

▤ *ejercicio*

Antes de aplicar los colores a su hogar con pintura, telas, o cuadros u otras obras de arte, averigüe su abanico de colores en el plano de la casa de la siguiente manera:

1. *Con el método de los cinco elementos descrito en el Capítulo 12, elija los colores para equilibrar las áreas exageradas y las hundidas.*

2. *Observe las figuras 82-89 y elija los colores para equilibrar las áreas de su hogar con la dirección de la puerta de entrada.*

3. *Utilice los colores favorables de su lista de datos personales en las áreas de su casa que no deben equilibrarse con ningún color especial. También puede combinar sus colores personales con los colores que aplique en las áreas que necesitan equilibrarse.*

4. *Escoja tonos Yin o Yang de acuerdo con su constitución física, su profesión, y las funciones de las diferentes habitaciones o áreas de su casa (véase los Capítulos 17-21 para una descripción detallada de las diferentes habitaciones y áreas de su hogar).*

5. *Si quiere que su trabajo sea aún más preciso, puede seguir el mismo procedimiento con cada habitación. Sin embargo, tenga en cuenta la actividad que generan los colores. Una habitación con demasiados colores puede distraerle.*

6. *Espere a leer los próximos capítulos antes de empezar a pintar.*

CAPÍTULO 15

ILUMINACIÓN Y ESPEJOS

ILUMINACIÓN

La iluminación es otro elemento que puede utilizarse para equilibrar el Yin y Yang de una habitación. Las habitaciones Yang deberían tener una iluminación más brillante y difusa. La iluminación de las habitaciones Yin, por su parte, tendría que ser más íntima y localizada, con la posible excepción del cuarto de baño.

Si la puerta principal da a un pequeño recibidor, éste tendrá que pintarse de un tono claro y requerirá una iluminación suave. Los tonos claros aportan una sensación de espacio, lo contrario que ocurre con los colores intensos.

Las escaleras deberían estar siempre bien iluminadas, y los pasillos, puesto que son venas y arterias Yin y Yang, pueden iluminarse eficazmente con apliques de pared colocados a intervalos regulares.

ESPEJOS

Los espejos tienen varias aplicaciones. Pueden crear un efecto de profundidad, aportar simetría a un espacio desequilibrado, incorporar vistas agradables, aumentar el *chi* positivo, activar el *chi* estancado, desviar la atención y repeler el *sha*.

El efecto de profundidad que crean los espejos puede reparar una forma irregular, tal como se muestra en la *figura 98*.

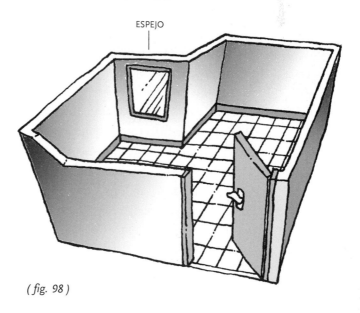

ESPEJO

(*fig. 98*)

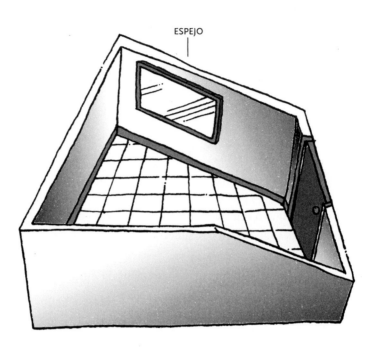

ESPEJO

(*fig. 99*)

Para crear simetría en un espacio desequilibrado, ponga un espejo en la pared sesgada,
como muestra la *figura 99*.

Las vistas agradables, como cuerpos de
agua, montañas, árboles o jardines estimulan
el *chi* beneficioso. Usted puede incorporar
fácilmente las vistas a la habitación para que
sean visibles desde un lugar en el que esté
asiduamente, por ejemplo, su sillón favorito;
basta con colgar el espejo en el punto apropiado de la pared.

Un método para atraer la energía curativa
a una habitación es aumentar el *chi* positivo.

Se hace con dos espejos del mismo tamaño.
Según la dirección de la puerta, el punto curativo se encontrará en una de las cuatro posiciones de la habitación, como muestran las
figuras 100-103.

Si la puerta está orientada hacia el sur u
oeste, el punto curativo de la habitación estará localizado donde indica la figura 100. Si
está orientada hacia el sudoeste o sudeste, el
punto curativo se hallará donde indica la *figura 101*. Si la puerta está orientada hacia el
noroeste o norte, el punto curativo estará en
el lugar señalado por la *figura 102*.

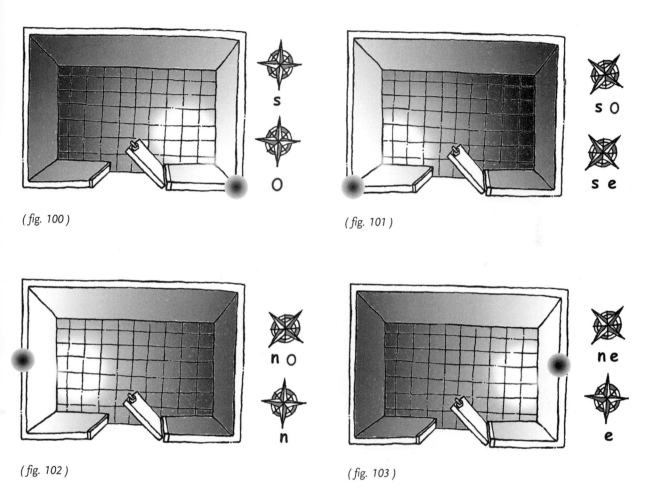

(fig. 100)

(fig. 101)

(fig. 102)

(fig. 103)

Si la puerta apunta al nordeste o al este, el punto curativo estará situado en el lugar que marca la *figura 103*.

Para proceder correctamente, coloque un cristal o algún objeto espiritual –por ejemplo– un libro sagrado, un símbolo o un icono, en el punto curativo y disponga espejos en las dos paredes opuestas de la habitación, como muestran las *figuras 104-107*.

Para activar el *chi* estancado, coloque un espejo en el área obstruida, que puede ser un espacio pequeño y cerrado o un área que reciba poca luz y/o esté escasamente ventilada.

Un espejo puede servir para desviar la atención, como puede verse en la *figura 108*, en la que se veía un dormitorio al final del pasillo. La pared señalada por la flecha fue

(fig. 104)

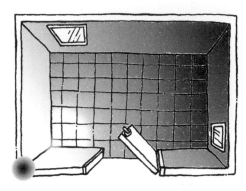

(fig. 105)

(fig. 106)

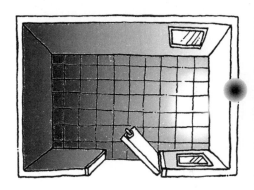

(fig. 107)

construida y recubierta de espejos para tapar y ocultar la entrada. La posición de la puerta se cambió deliberadamente para crear una mayor intimidad.

Los espejos redondos y pequeños, como el *ba gua* mostrado en la *figura 109*, sirven para repeler el *sha*.

El espejo *ba gua* es un instrumento tradicional del Feng Shui que puede adqui-

rirse en la mayoría de librerías chinas o tienda de suministros para el hogar. Es una tabla octogonal con ocho trigramas dorados del *I Ching* pintados sobre fondo rojo y un pequeño espejo redondo en el centro. Se coloca de cara a las flechas secretas para contrarrestar sus efectos, los cuales se describen en el Capítulo 2. Puede colgarse fuera de la puerta o, si se coloca dentro,

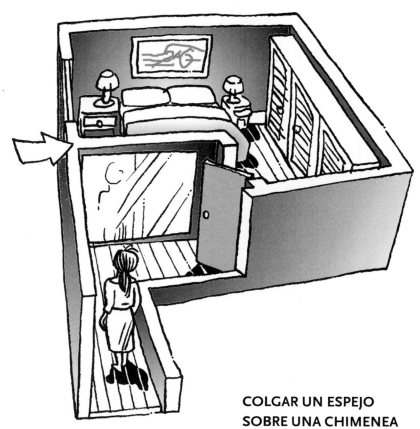

(fig. 108)

COLGAR UN ESPEJO
SOBRE UNA CHIMENEA

debe estar alineado con ella y apuntando a la puerta. También puede colgarse en el exterior de una ventana o en el alféizar. El secreto de su eficacia no reside en su diseño sino en su intención. Puede utilizar cualquier espejo pequeño y redondo como sustituto del *ba gua*. Si usted está convencido de que desviará el *sha*, esto es lo que sucederá.

Aunque las chimeneas generan calor, también pueden expulsar el *chi* de la habitación. Los espejos activan e intensifican el *chi*. Si la chimenea está en una área de la habitación en armonía con la dirección de la puerta de la habitación que marca la brújula, debería colocarse un espejo encima de la chimenea. Por el contrario, si la chimenea está en una área de la habitación que se halla en discordia con la dirección de la puerta, no tendría

(fig. 109)

que hubicarse ningún espejo sobre la chimenea.

Una vez determinadas las direcciones de la habitación, si la puerta apunta hacia el norte, las áreas positivas estarán al este, sudeste y sur, y las negativas, al nordeste, sudoeste, oeste y noroeste.

Si la puerta da al nordeste, las áreas positivas estarán al sudoeste, oeste y noroeste, y las negativas, el este, sudeste, sur y norte.

Si la puerta da al este, las áreas positivas serán el norte, el sudeste y el sur, y las negativas, el sudoeste, el oeste, el noroeste y el nordeste.

Si la puerta da al sudeste, las áreas positivas se hallarán en el norte, este y sur, y las negativas, en el sudoeste, oeste, noroeste y nordeste.

Si la puerta da al sur, las áreas positivas estarán al norte, este y sudeste, y las negativas, al sudoeste, oeste, noroeste y nordeste.

Si la puerta da al sudoeste, las áreas positivas serán el oeste, el noroeste y el nordeste, y las negativas, el norte, el este, el sudeste, y el sur.

Si la puerta da al oeste, las áreas positivas se hallarán en el sudoeste, noroeste y nordeste, y las negativas, en el norte, este, sudeste y sur.

Si la puerta da al noroeste, las áreas positivas estarán al sudoeste, oeste y nordeste, y las negativas, al norte, este, sudeste y sur.

▤ *ejercicio*

Observe su hogar y después el plano de la casa. ¿Hay alguna área donde pueda utilizar los espejos para equilibrar la forma, activar el chi, *repeler las flechas secretas o incorporar vistas agradables? Tome note de ellas, pero espere a leer los capítulos 16-21 antes de colocar los espejos.*

CAPÍTULO 16

MUEBLES Y DECORACIÓN

Ahora ya está preparado para colocar sus muebles adecuadamente. Sin embargo, antes de abordar la disposición de cada una de las habitaciones, estudiaremos su espacio en general y las pautas para emplazar los muebles y decidir la decoración.

Imagínese el *chi* como una corriente que entra a través de la puerta principal, fluye por toda la casa, y sale y vuelve a entrar por las ventanas.

El *chi* varía según sea la distribución de los muebles y objetos. Su colocación servirá para guiar o conducir el *chi* a través de las habitaciones y diferentes áreas de su hogar.

El *chi* debería fluir suave y tranquilamente a través de su hogar, sin ir demasiado deprisa ni estancarse en ningún punto. Los muebles y objetos tienen que estar distribuidos de forma cómoda, práctica, coordinada y equilibrada.

Lo ideal es que el *chi* fluya tanto por el centro de su casa como por el centro de cada habitación. Imagine que el centro de su hogar es como el eje de una rueda; debería estar abierto. Si llena o desordena esta área, ahoga el *chi* de su hogar. El centro de cada habitación también debería estar despejado, a excepción del comedor y, posiblemente, del dormitorio. La mesa del comedor tiene que estar en el centro de la habitación y, a menos que el dormitorio sea muy grande, la cama debe llegar hasta el centro de la habitación.

Los muebles, por lo general, deben colocarse paralelos a las paredes. Esto crea una gran sensación de armonía y simplicidad. Sin embargo, si una habitación es suficientemente grande, también pueden disponerse en diagonal partiendo de las esquinas. De esta manera se obtiene una notable sensación de redondez.

Evite los obstáculos fruto de colocaciones raras, o de poner demasiados muebles en una misma habitación. Tampoco debe llenar el espacio con muebles demasiado grandes. Una habitación cargada de muebles le hará ser sedentario y le provocará sentimientos de frustración.

Evite bloquear pasillos, puertas o ventanas. Asimismo, evite bloquear o aislar las habita-

(fig. 110)

ciones. Una habitación o área aislada hace que el *chi* se estanque.

No disponga los muebles en forma de arco delante de una puerta, tal como muestra la *figura 110*, ya que mandaría flechas secretas —o *sha*— a la habitación contigua.

La clave de la distribución de una habitación está en la posición del mueble más importante (la cama en el dormitorio, el escritorio en el estudio, su sofá preferido en la sala de estar). Una vez haya decidido dónde va el mueble más importante, organice el resto con relación a éste.

Las paredes de las habitaciones son barreras protectoras. La mayoría de los sofás y si-

llas deberían tener el respaldo contra la pared. Si se sienta de espaldas a una ventana o puerta, se sentirá menos seguro que si detrás suyo hay una pared. Si dos personas se encuentran cara a cara en una habitación, una sentada delante de una ventana o puerta y la otra delante de una pared, la que está de espaldas a la pared estará en una posición más fuerte.

Las vigas excesivamente grandes oprimen el *chi* y generan *sha*. No es aconsejable dormir o sentarse bajo una viga demasiado pesada. Si una viga le parece opresiva, puede colgar de ella un farolillo, una lámpara de araña o un móvil para transformar su *chi*. También puede agregarle algún adorno. Uno de mis clientes pegó un sol de terracota rojo sobre una gran viga que tenía en su piso. Quedaba de maravilla.

Las columnas estructurales, a excepción de las esquinas, bloquean el *chi* y generan *sha*. Una columna en una habitación puede ser ocultada con un espejo o con plantas grandes; si el área es suficientemente amplia, se puede resolver con un biombo que divida la habitación. Una columna vista también puede transformarse en una obra de arte. Uno de mis clientes pintó un dragón azul enroscado sobre la gran columna que dominaba su comedor.

Un exceso de puertas y ventanas en una habitación provoca la dispersión del *chi*. Cierre la puerta o puertas menos utilizada/s y ponga persianas o cortinas en las ventanas para retener el *chi*.

Si hay una vista agradable desde su ventana, como un estanque, una arboleda, un jardín, o cualquier otra vista bonita, puede orientar un espejo para que pueda verla desde su sillón favorito. También puede complementar estas vistas reproduciendo el mismo tema en su hogar: un jardín exterior puede reflejarse en un jardín interior de bonsais o el cuadro de un jardín; una ventana que da a un río puede combinarse con un cuadro de temas marinos en la pared del salón; etcétera.

Los acuarios atraen la buena fortuna y tradicionalmente se usan para repeler el *sha*. Si utiliza un acuario para desviar el *sha*, éste siempre debe tener seis peces rojos y uno negro, y hay que ponerlo en la pared opuesta a la ventana que genere flechas secretas, como vimos en el Capítulo 2.

ejercicio

Para realizar este ejercicio necesitará una copia nueva del plano de su casa.

Si quiere saber cómo circula el chi en su hogar, trace una línea fina y continua, como una corriente imaginaria que circula por el plano de su casa. Ésta parte de la puerta principal y fluye a través de cada habitación sin dividir el centro de su espacio ni ninguna de las habitaciones. Permita que la línea fluya entrando y saliendo por todas las ventanas. Experimente las diferentes formas que puede adoptar el flujo de chi. Cuando termine su dibujo, tendrá un plano global para disponer los muebles y decorar la casa.

CAPÍTULO 17

LOS PASILLOS

L a casa se divide en pasillos y habitaciones. Los pasillos incluyen las puertas, el recibidor y las escaleras. Las habitaciones incluyen la sala de estar, la sala familiar, la cocina, el comedor, los dormitorios, el cuarto de baño, el estudio y el despacho.

LA PUERTA PRINCIPAL

El pasillo más importante es el de la entrada. Además de todo lo que hemos comentado sobre su dirección y la relación con su estrella de nacimiento, es necesario observar primero su emplazamiento en relación con el exterior, especialmente si da a la calle o al campo abierto. Después de esto, hay que mirar la puerta de entrada en relación con el interior de la vivienda. Lo primero que ve al entrar en casa tiene un efecto sutil sobre su estado mental y, por tanto, sobre su salud y fortuna.

Si su casa tiene más de una entrada, y casi siempre entra y sale por una puerta secundaria, debe considerar esa puerta como la principal. El lugar por el que entra y sale determina la experiencia de su hogar.

LA PUERTA EN RELACIÓN CON EL EXTERIOR

Un obstáculo de cualquier tipo delante de la puerta, sea un relieve paisajístico, un seto, un árbol, una farola o un poste, tiene un efecto negativo sobre su hogar.

Un obstáculo grande colocado directamente delante de la puerta principal bloquea la entrada de *chi* y, por tanto, su salud. Si hay un objeto inamovible como, por ejemplo, una farola, puede equilibrarlo con otros elementos, como macetas con árboles o estatuas a ambos lados de la puerta, tal como muestra la *figura 111*. También puede colocar un elemento complementario al otro lado de la casa, como por ejemplo un árbol, como se ve en la *figura 112.*

FAROLA

(fig. 111)

FAROLA

(fig. 112)

(fig. 113)

(fig. 114)

Los árboles o arbustos que crezcan demasiado cerca de la entrada y de las ventanas obstaculizan el movimiento y ahogan el *chi* de la casa y, por tanto, deberían eliminarse.

Es aconsejable que la puerta dé a un terreno llano o que descienda ligeramente. Por esta razón, siempre recomiendo a mis clientes que cambien la puerta de sitio si ésta se halla en el lugar equivocado. No debería haber ninguna cuesta delante de la puerta. Subir una colina para salir de casa presagia obstáculos y retrasa nuestras tareas cotidianas.

Un camino de entrada que conduzca directamente a una puerta a ras de suelo manda flechas secretas a la casa, como muestra la *figura 113*. Para remediar este problema, cambie la forma del camino para ralentizar la llegada a la casa, como muestra la *figura 114*, o cuelgue sobre la puerta un espejo *ba gua* mirando hacia afuera. También puede cubrir con un espejo la pared del recibidor que da a la puerta de entrada para así ahuyentar las flechas secretas.

Un camino que conduzca directamente a la puerta y termine en unos escalones no enviará flechas secretas a la casa, ya que los escalones apartan la puerta de entrada de la línea del *sha*. No obstante, el camino tendría que ser suficientemente ancho.

Las flechas secretas que apuntan a una casa situada en un callejón sin salida o en un cruce en forma de «T», pueden mitigarse plantando un seto de arbustos o árboles entre la casa y la carretera o, si no hay suficiente espacio, con un espejo en la pared del recibidor que dé a la puerta de entrada. También ayuda, aunque en menor grado, colgar un juego de campanas en la entrada.

LA PUERTA EN RELACIÓN CON EL INTERIOR

Al mirar la puerta en relación con el interior, hay que comprobar que no se abra hacia una pared, como en la *figura 115*. Esto produciría un efecto de confinamiento. Por el contrario, cuando la puerta se abre lejos de la pared, como en la *figura 116*, el efecto es de comodidad.

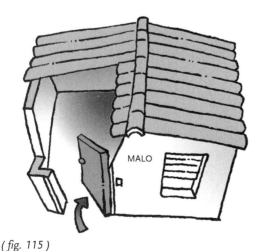

(fig. 115)

(fig. 116)

Si al abrir la puerta de entrada se ve la puerta o ventanas traseras, el *chi*, en lugar de fluir tranquilamente a través de todo el hogar, sale disparado como una flecha por la puerta o ventanas de atrás. Esto divide su hogar y lo vacía de *chi*. Para remediarlo, coloque un biombo, cortina, estantería u otra construcción entre las puertas delantera y trasera para desviar el flujo de *chi* dentro de la casa. Si se trata de una ventana, cuelgue cortinas o persianas venecianas. Las cortinas de encaje o visillos también sirven.

Un tabique visible desde la entrada, como en la *figura 117*, genera desequilibrio. Para resolver este problema, coloque un espejo de cuerpo entero o un adorno bonito

que atraiga la atención sobre el lado obstruido, como muestra la *figura 118*. Si hay suficiente espacio, es aún mejor utilizar un biombo u otra estructura, como puede verse en la *figura 119*.

ENTRAR EN CASA

Es importante tomar nota de lo primero que ve cuando abre la puerta de su casa. Lo ideal sería que encontrara un recibidor bien decorado o una entrada cerca de los espacios comunitarios (Yang), ambos bien lejos de las habitaciones privadas (Yin). Si usted, como muchas otras personas, no dispone de esta distribución ideal, hay formas para mitigar estos problemas.

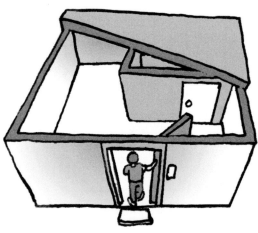

(*fig. 117*)

(*fig. 118*)

Si al entrar en casa lo primero que ve es el interior de un dormitorio, como en la *figura 120*, éste se hallará demasiado expuesto a las perturbaciones exteriores. Para solucionarlo, coloque un espejo de cuerpo entero en el exterior de la puerta del dormitorio para desviar el *chi* negativo, y/o, si el espacio lo permite, cuelgue una cortina para ocultar la puerta, al menos de manera parcial.

Tampoco es aconsejable que la entrada dé a una cocina abierta, ya que atrae excesivamente la atención hacia la comida. Oculte la entrada a la cocina con puertas de batiente, una cortina de cuentas o una cortina-puerta de tipo japonés.

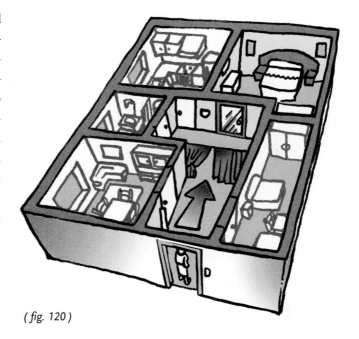

(fig. 120)

(fig. 119)

Tradicionalmente, se considera que una casa cuya puerta principal da directamente a la cocina, tiene mal Feng Shui. Esta disposición casi siempre hace que la cocina se convierta en un lugar de reunión. Si le gusta estar en la cocina con su familia y amigos, una casa así le irá bien. Si no le gusta, prefiere cocinar solo o ha perdido el interés por los fogones disponga la mesa, sillas y cuadros de su cocina de manera que se sienta seguro y cómodo. También puede colgar un móvil de campanillas cerca de la puerta de entrada para disipar el *chi* negativo.

(fig. 121)

Una puerta principal demasiado cerca del comedor, como en la *figura 121*, interfiere en la alimentación. Si ése es su caso, trate de cambiar el comedor a un lugar donde el *chi* sea más tranquilo o, si hay espacio suficiente, coloque un biombo.

Aunque no es un problema que se vea la sala de estar desde la puerta principal, cuando la puerta abre directamente a este espacio comunitario, la habitación queda demasiado expuesta al exterior y se inutiliza gran parte del área alrededor de la puerta. Se pueden colocar cerca de la puerta estanterí-

as, librerías o, si hay suficiente luz, plantas grandes. De este modo se crea una sensación de intimidad y contención, además de ganar en funcionalidad.

Mucha gente entra en su casa a través del garaje que da a una escalera o pequeña habitación donde está la caldera, lavadora, etcétera. Ésta es una forma estresante de entrar en casa, ya que conlleva gases nocivos y suciedad. Al entrar y salir de su hogar por una escalera interior se crea una sensación de confusión y desorientación, lo que podría ocasionar accidentes. También hace que los ocupantes de la casa se sientan atrapados e intranquilos.

En las ciudades, la entrada a muchos edificios está en lo alto de una escalinata que parte de la acera. Esto es un buen Feng Shui. Cuando la entrada de una casa está por encima del nivel de la calle, sus ocupantes se sienten a una distancia segura de la actividad de la calle.

Si la entrada a su casa está por debajo del nivel de la calle y debe bajar unos cuantos escalones desde la acera para entrar, el *chi* de su hogar estará algo deprimido. Puede remediar fácilmente este inconveniente plantando alrededor de la entrada arbustos, sobre todo si son de hoja perenne, así como flores.

EL RECIBIDOR

El recibidor es un área de recepción y el lugar de transición entre el exterior y el interior. Lo ideal sería que el recibidor diese a una sala de estar. Una casa con un recibidor de verdad siempre es más íntima y tranquila que una que no lo tenga.

Si el recibidor es pequeño o estrecho, debería pintarse de algún color claro y poner una iluminación suave. También puede utilizarse un espejo para crear una sensación agradable. La posición del espejo es muy importante. No debe estar frente a la puerta, a menos que quiera evitarse el *sha* del exterior, ya que las visitas se verán enfrentadas a su reflejo, lo cual puede hacer que no se sientan bienvenidas. Es mejor colocar el espejo al lado de la puerta para que refleje el interior de la casa o apartamento.

Si el recibidor es demasiado pequeño para poner un espejo, cuelgue frente a la puerta un cuadro o tapiz con detalles pequeños e interesantes. Así las visitas querrán acercarse a mirarlo.

Tenga cuidado al colocar muebles en un recibidor pequeño. Evite el desorden; no debe llenar excesivamente la entrada.

Si el recibidor es suficientemente espacioso, se puede colocar frente a la entrada una mesa con un espejo decorativo sin que tenga efecto nocivo alguno.

PASILLOS

Los pasillos son como las arterias que transportan el alimento a los diferentes órganos del cuerpo. Son canales a través de los cuales se desplaza el *chi* de habitación en habitación. Cuando los pasillos son abiertos y están despejados, toda la vivienda respira con libertad y se llena de *chi* saludable. Pero cuando los pasillos están bloqueados o llenos de desorden, el funcionamiento de las diferentes habitaciones queda mermado y la casa se convierte en un lugar poco saludable para vivir.

Un pasillo largo y estrecho como el de la *figura 122* genera flechas secretas. Para evitarlo, coloque varios espejos a lo largo de una de las paredes para aminorar el movimiento del *chi*, transformar su curso recto en ondulante y crear una sensación de más espacio, como muestra la *figura 123*. Otra solución es colgar unos cuantos cuadros en la pared opuesta a los espejos para crear un efecto interesante.

Un pasillo con demasiadas puertas es potencialmente caótico. Si está diseñando su

(fig. 122)

(fig. 124)

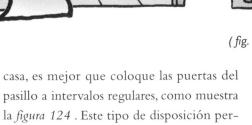

(fig. 123)

(fig. 125)

casa, es mejor que coloque las puertas del pasillo a intervalos regulares, como muestra la *figura 124* . Este tipo de disposición permite un movimiento tranquilo y fácil.

Las puertas directamente enfrentadas como en la *figura 125*, sugieren falta de intimidad y conflictos. Sin embargo, se pueden utilizar colores suaves y una iluminación dé-

(fig. 126)

(fig. 127)

bil para neutralizar de manera eficaz este problema.

Las puertas que coinciden parcialmente, como en la *figura 126*, sugieren discordia y conflicto. Para remediarlo, coloque espejos desde la parte superior de la puerta hasta el zócalo a ambos lados, como en la *figura 127*. De este modo se rellenarán las áreas que se superponen. Los colores y la iluminación que se utilicen deben ser suaves.

Un pasillo en el que las puertas estén agrupadas en un extremo, como muestra la *figura 128*, es extremadamente discordante y sugiere hostilidad entre la gente que utiliza las diferentes habitaciones. El remedio es el mismo que el de la *figura 125*.

En un pasillo donde las puertas se abran hacia afuera y choquen entre sí hay peligro

(fig. 128)

de hacerse daño. El remedio será diferente para cada caso. Pueden sacarse las puertas y reemplazarse por otras correderas o plegables, una cortina o una puerta persiana. Sin

embargo, la solución ideal para este tipo de problemas, es llevar a cabo cambios estructurales y cambiar las puertas de sitio.

Una habitación situada al final de un largo pasillo recibe flechas secretas como si fuera una casa al final de un callejón sin salida. Para remediarlo, ponga un espejo de cuerpo entero en la hoja de la puerta que da al pasillo.

Si el pasillo está dividido por grandes vigas estructurales que recorren la superficie del techo, coloque adornos decorativos sobre éstas para convertirlas en un detalle atractivo.

ESCALERAS INTERIORES

Las escaleras interiores crean innumerables problemas según sea su situación y diseño estructural.

Una escalera que vaya directamente hasta la puerta principal, la entrada lateral o la trasera, como muestra la *figura 129*, hace que el *chi* escape por la puerta, lo cual indica pérdida de dinero.

Hay dos formas de resolver este problema. La primera, y la mejor, es rediseñar las escaleras para que no den directamente a la puerta, como muestra la *figura 130*. La se-

(*fig. 129*)

(*fig. 130*)

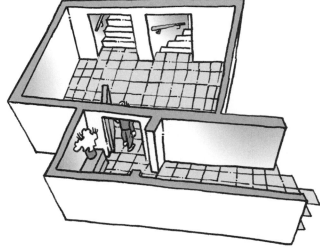

(*fig. 131*) (*fig. 132*)

gunda forma consiste en desviar la atención hacia arriba colgando un cuadro de colores llamativos, o un adorno, en la pared del rellano superior. Éste debe poderse ver desde abajo. Otra opción es colocar un espejo en la pared de la puerta que refleje las escaleras.

Si al entrar en casa se encuentra con unas escaleras que suben por un lado y bajan por el otro, como en la *figura 131*, se verá enfrentado a un vórtice que puede producirle una sensación de confusión en su vida.

Cuando el recibidor sea suficientemente grande, este problema puede remediarse instalando biombos *shoji* correderos o puertas de cristal esmerilado delante de la escalera que se abran en ambas direcciones.

Si el recibidor tiene poca profundidad, como el de la *figura 132*, el problema puede resolverse construyendo un pequeño vestíbulo o bien colgando unas cortinas que, como mínimo, cubran el hueco de las escaleras descendentes.

Las escaleras deberían tener contrahuellas; de lo contrario, existe el peligro de que se produzcan accidentes. Si sus escaleras no tienen contrahuellas, puede colocar macetas con plantas iluminadas desde abajo.

Las escaleras de caracol ahorran espacio, pero también son peligrosas. Su efecto giratorio puede dar lugar a accidentes o a estados de ansiedad en las diferentes áreas de su vida. Si tiene una escalera de caracol, estudie

su espacio con el método de los ocho puntos para averiguar cuál es el área de su vida que se halla sujeta a estas condiciones angustiantes. Si la escalera de caracol está en el centro de su casa, esto repercutirá negativamente en su vitalidad. Si tiene una escalera de caracol, ponga macetas con plantas al pie de ésta para absorber el *chi* negativo.

ejercicio

1. *Tome nota de lo que ve cuando abre la puerta de su casa o piso. ¿Qué impresión le da? ¿Le gusta? Si no es así, ¿puede definir el problema? ¿Qué puede hacer para corregirlo? Si es necesario, revise los problemas y tratamientos comentados más arriba.*
2. *Asegúrese de que todos los pasillos de su casa, las puertas, el recibidor y las escaleras estén libres de obstáculos y peligros.*

CAPÍTULO 18

EL DORMITORIO Y EL BAÑO

EL DORMITORIO

El dormitorio es el lugar más íntimo del hogar. Debería ser relajante y tranquilo, y aunque es mejor que no sea demasiado grande ni demasiado pequeño, su tamaño no es tan importante como la calidad de su *chi*. Si el *chi* de su dormitorio está deprimido o es demasiado activo, sus efectos serán adversos, tanto para su vida interior como exterior. Si la habitación parece demasiado pequeña, puede compensar su tamaño decorándola con tonalidades pálidas. Si, en cambio, parece demasiado grande, puede decorarla con tonalidades vivas para conferirle mayor intimidad.

Además de la cama, el mobiliario del dormitorio puede incluir una o dos mesitas de noche, un escritorio, unas pocas sillas, una cómoda, una chaise longue o un confidente, y quizá una pequeña mesa escritorio.

LA POSICIÓN DE LA CAMA

La posición de la cama es una de las decisiones más importantes que va a tomar en su hogar. La cama es el lugar donde duerme y recupera la energía cada noche. La colocación de la cama determinará en gran medida la calidad de su descanso. A menudo mis clientes me informan de cómo ha mejorado su sueño al cambiar la posición de la cama.

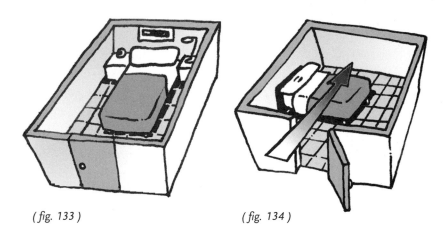

(fig. 133)   (fig. 134)

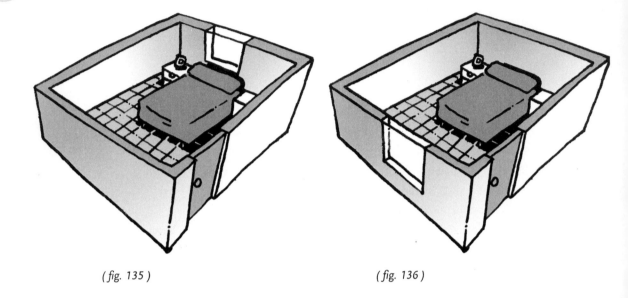

(*fig. 135*)   (*fig. 136*)

Consideremos las diferentes áreas del dormitorio en relación con la puerta y las ventanas para decidir dónde es mejor colocar la cama.

Hay ciertas posiciones de la cama que deben evitarse. La peor posición es cuando los pies señalan directamente hacia la puerta, como muestra la *figura 133*. Esto simboliza la muerte, ya que a los muertos tradicionalmente se les saca de la habitación con los pies por delante.

Evite también colocar la cama en el camino del *chi* que entra por la puerta y la atraviesa perturbando su sueño, como muestra la *figura 134*.

No coloque la cabecera de la cama contra una ventana o debajo de ésta, como en la *figura 135*. No sólo es una posición insegura, sino que además quedará expuesto a las corrientes de aire.

Intente asimismo evitar que el pie de la cama señale directamente hacia la ventana, como en la *figura 136*.

La cama tampoco debería colocarse bajo un techo excesivamente inclinado, como muestra la *figura 137*, ya que el *chi* de quienquiera que duerma allí quedará deprimido.

Evite colocar la cama de forma que sólo pueda entrar o salir por un lado, como muestran las *figuras 138 y 139*, a menos que

(fig. 137)

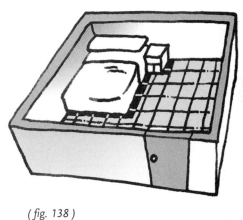

(fig. 138)

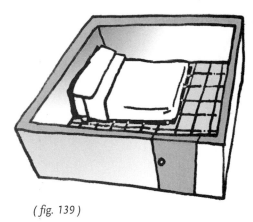

(fig. 139)

quiera estar solo. Debería haber suficiente espacio para entrar y salir por ambos lados. Esto le permitirá compartir la cama cómodamente. En cualquier caso, la distancia entre los lados de la cama y la pared no debería ser inferior a 60 cm.

Evite además poner la cama bajo un tragaluz, una viga estructural pesada o cualquier otra cosa que se encuentre por encima de su cabeza.

Las *figuras 140-144* señalan las mejores posiciones para la cama. Fíjese en que ninguna de ellas esté en conflicto con la puerta.

Las *figuras 145, 146 y 147* también son aceptables, pero sólo si la habitación es lo

bastante grande para colocar entre la puerta y la cama un biombo o un mueble –por ejemplo una cómoda– para desviar el flujo del *chi*.

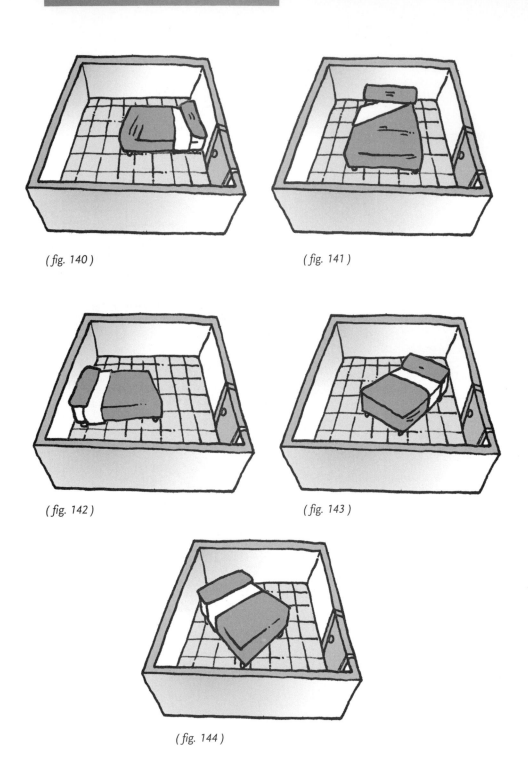

(fig. 140)

(fig. 141)

(fig. 142)

(fig. 143)

(fig. 144)

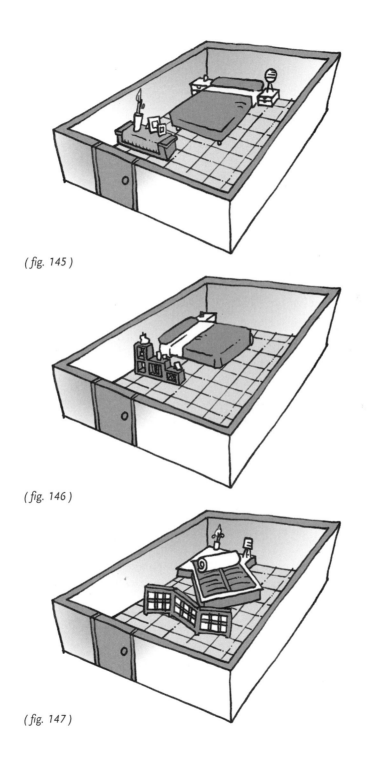

(fig. 145)

(fig. 146)

(fig. 147)

CÓMO ALINEAR LA CAMA SEGÚN SU ESTRELLA
DE NACIMIENTO Y ESTRELLAS DE LA SUERTE

Quizá se encuentre con que hay más de una área en su dormitorio que es adecuada para la colocación de la cama. Consulte su lista de datos personales. Si una de estas áreas le permite alinear su cama en una dirección que armonice con su estrella de nacimiento o de la suerte, ésa será la mejor opción. Si vive en pareja, intente orientar la cama en la dirección de la estrella de la suerte que tengan en común, o en la de una estrella que armonice con la estrella de nacimiento de ambos.

La dirección de la cama siempre está determinada por su cabecera. En otras palabras, si se coloca al pie de la cama con la brújula y mira hacia la cabecera, la dirección que obtendrá es la alineación de la cama. Si, por ejemplo, tuviera que orientar la cama hacia el este, colóquela de forma que cuando esté al pie de la cama mirando hacia la cabecera, la brújula señale el este.

CÓMO COLOCAR LA CAMA
EN UN ÁREA POSITIVA DE *CHI*

Además de las posibilidades de colocación y alineación que hemos discutido, también puede colocarse la cama en una área de *chi* positivo, de acuerdo con la dirección de la puerta del dormitorio.

Para localizar las áreas positivas, primero deberá averiguar la dirección de la puerta del dormitorio con la brújula; recuerde que debe mirar hacia fuera y no hacia dentro. Después de esto, localice el centro de la habitación y trace las ocho áreas que irradian de él.

ORIENTACIÓN DE LA PUERTA	ÁREAS MÁS POSITIVAS DE LA HABITACIÓN
Norte	Este, sudeste y sur del centro de la habitación.
Nordeste	Sudoeste, oeste y noroeste del centro de la habitación.
Este	Sudeste, sur y norte del centro de la habitación.
Sudeste	Sur, norte y este del centro de la habitación.
Sur	Norte, este y sudeste del centro de la habitación.
Sudoeste	Oeste, noroeste y nordeste del centro de la habitación.
Oeste	Noroeste, nordeste y sudoeste del centro de la habitación.
Noroeste	Nordeste, sudoeste y oeste del centro de la habitación.

Si no puede utilizar una de las áreas de *chi* positivo según la orientación de la puerta de su dormitorio, consulte el método para armonizar el *chi* de su espacio con colores, el cual se expone en el Capítulo 14. Al armonizar el *chi* de la habitación con colores, logrará que las ocho áreas de la habitación estén en relación positiva con el *chi* de la puerta.

Para ilustrar la colocación y alineación de la cama, veamos los siguientes ejemplos.

TOM

La estrella de nacimiento de Tom es Madera 3, su estrella de la suerte es Agua 1 y la puerta de su dormitorio está orientada hacia el oeste. Sus estrellas de nacimiento y de la suerte nos muestran que sus alineaciones más favorables están al norte, este, sudeste y sur.

Las áreas más positivas del dormitorio de Tom son las áreas noroeste, nordeste y sudoeste, como indica la *figura 148*. El área nordeste parece ser la mejor con relación a la puerta.

Por consiguiente, la mejor posición para la cama será el área nordeste con la cabecera situada hacia el norte, que es la dirección de la estrella de la suerte de Tom.

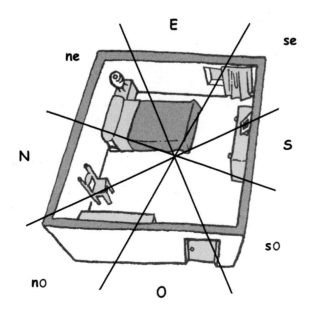

(*fig. 148*)

FRED

La estrella de nacimiento de Fred es Madera 4, su estrella de la suerte es Fuego 9 y la puerta de su dormitorio está orientada hacia el sudeste. Su estrella de nacimiento y de la suerte nos indican que las alineaciones más favorables para él son el norte, este, sudeste y sur.

Las áreas de *chi* positivo según la dirección de la puerta, como puede verse en la *figura 149*, se encuentran en el norte, sudeste y sur de la habitación. Sin embargo, ninguna de estas áreas es adecuada para ubicar de la cama de Fred. La posición más idónea para la cama en relación con la puerta es el área nordeste. El elemento del nordeste, la Tierra, sin embargo, no está en armonía con la orientación de la puerta al sudeste, la Madera. Por tanto, si se sitúa la cama en el área nordeste, deberá tener un cubrecama púrpura o rojo para conseguir una armonía completa con el *chi* de la puerta.

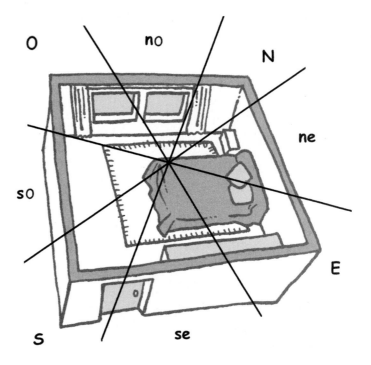

(*fig. 149*)

PARA UNA PAREJA QUE COMPARTE CAMA

Si tiene pareja, es importante decidir en qué lado duerme cada uno. Si están colocados correctamente, el *chi* positivo fluirá entre los dos, pero si están colocados de manera inadecuada, se generará una fuerza de repulsión entre ambos.

De acuerdo con su estrella de nacimiento, usted pertenece al tipo Este u Oeste. Si su Estrella de nacimiento es Agua 1, Madera 3, Madera 4 o Fuego 9, es usted del tipo Este. Si su estrella de nacimiento es Tierra 2, Tierra 5, Metal 6, Metal 7 o Tierra 8, es usted del tipo Oeste.

CÓMO DETERMINAR EL LADO DE CADA UNO

Sitúese al pie de la cama con la brújula mirando hacia la cabecera.

Si ambos son del mismo tipo, no importa en que lado se acuesten, en ambos casos la energía será positiva.

EL MOBILIARIO DEL DORMITORIO

La colocación del resto del mobiliario debería estar en armonía con la cama.

Asegúrese de que desde la cama no se vean esquinas puntiagudas apuntando hacia usted.

Evite, a toda costa, que haya desorden en la habitación.

Mantenga las líneas equilibradas, simples y elegantes.

Evite colgar un espejo en la pared opuesta a la ventana, ya que éste activaría demasiado el *chi* de la habitación. No coloque espejos en los que pueda reflejarse mientras está tumbado, ya que éstos perturbarían su descanso. En general,

ORIENTACIÓN CABECERA	LADO DE CADA UNO
Norte	el tipo Este debería ir a su derecha y el Oeste a su izquierda.
Nordeste	el tipo Este debería ir a su izquierda y el Oeste a su derecha.
Este	el tipo Este debería ir a su izquierda y el Oeste a su derecha.
Sudeste	el tipo Este debería ir a su izquierda y el Oeste a su derecha.
Sur	el tipo Este debería ir a su izquierda y el Oeste a su derecha.
Sudoeste	el tipo Este debería ir a su derecha y el Oeste a su izquierda.
Oeste	el tipo Este debería ir a su derecha y el Oeste a su izquierda.
Noroeste	el tipo Este debería ir a su derecha y el Oeste a su izquierda.

no es aconsejable tener muchos espejos en la habitación. Los espejos activan el *chi*. El dormitorio debería ser lo más tranquilo posible.

En el dormitorio no debería haber ningún televisor ni otros aparato electrónicos. Dormir con el televisor encendido o ver mucha televisión antes de ir a dormir puede causar depresión. Si desea tener un televisor en el dormitorio, debería estar en un armario que pueda cerrar antes de irse a dormir.

Si tiene un armario en el punto del matrimonio de su dormitorio, asegúrese de que esté lleno de ropa bonita. También puede decorar el armario, o el espacio de la pared contigua, con cuadros que inspiren sentimientos amororsos.

Si tiene un armario en el punto del dinero de su dormitorio, llénelo con ropa elegante y decóre éste, o la pared contigua, con cuadros que inspiren abundancia.

En cualquiera de estos puntos, una planta grande ayudará a generar *chi* positivo y a integrar el armario en la habitación.

En el punto del matrimonio puede reservarse un espacio íntimo donde sentarse; también puede haber un bonito jarrón con flores naturales sobre una mesita o repisa.

Si se traslada a un espacio nuevo, deshágase de su colchón y compre uno nuevo; su suerte cambiará a mejor.

EL CUARTO DE BAÑO

El tratamiento del cuarto de baño es bastante simple. Hay dos factores a tener en cuenta: dónde está y cuál es su estado.

Se considera mal Feng Shui tener el cuarto de baño en el área nordeste, oeste o en la área central del hogar.

Un cuarto de baño en el área nordeste es malo porque atrae los espíritus de las enfermedades y el deterioro. Si tiene un cuarto de baño en el nordeste, píntelo completamente de blanco, ponga muebles blancos y coloque un espejo de cuerpo entero en la parte de exterior de la puerta para repeler el *chi* negativo.

Un cuarto de baño en el área oeste es desfavorable para las mujeres. Si tiene un cuarto de baño al oeste, píntelo de dorado, ocre o amarillo, y ponga un suelo de piedra o baldosas. Puede decorarlo con vasijas y jarras de cerámica para darle un aire terrenal. También debería colocar un espejo de cuerpo entero en el exterior de la puerta.

Un cuarto de baño en el centro de la casa deprime el *chi* de todo el hogar. Si hay un cuarto de baño en el centro de su hogar, coloque un espejo de cuerpo entero en el exterior de la puerta para repeler el *chi* negativo y espejos en las paredes interiores para que se reflejen entre sí y activen el *chi* positivo. Lo ideal sería que hubiera espejos en las cuatro paredes. Sin embargo, para activar el *chi* basta con que haya espejos en dos paredes opuestas.

Asegúrese de que la fontanería del cuarto de baño esté en buen estado. Los grifos y cañerías que gotean suponen pérdidas de dinero.

Si el cuarto de baño no tiene ventanas, debería tratarlo de la misma manera que si estuviera en el centro de la casa; la activación del *chi* positivo compensará la falta de circulación de aire.

Si el cuarto de baño está en el punto del dinero de la casa, ponga un espejo de cuerpo entero en el exterior de la puerta para repeler el *chi* negativo, y asegúrese de que la fontanería está en perfectas condiciones. El goteo de agua significa que su dinero está escapando. Si el cuarto de baño está en el punto del matrimonio de su hogar, conviértalo en un lugar especial donde cultivar su salud y belleza.

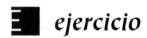

ejercicio

Siga estos pasos para disponer los muebles de su dormitorio:

1. *Estudie la colocación de la cama en diferentes áreas de la habitación en función de la puerta y las ventanas.*

2. *Si encuentra varias áreas de la habitación adecuadas para la colocación de la cama, consulte su lista de datos personales para ver si alguna de estas áreas le permite orientar la cama en una dirección que esté en armonía con su estrella de nacimiento o con una de sus estrellas de la suerte.*

3. *Compruebe si es posible colocar la cama en un área de* chi *positivo, lo cual depende de la dirección en la que esté situada la puerta del dormitorio. Si no puede utilizar una de las áreas de* chi *positivo, consulte el método del Capítulo 14 para equilibrar el* chi *de su espacio con colores. Cuando tenga el espacio en armonía y equilibrio, éste se llenará por completo de* chi *positivo.*

4. *Una vez haya encontrado el lugar adecuado para su cama y su alineación, disponga el resto del mobiliario de su dormitorio en función de ésta.*

CAPÍTULO 19

LOS ESPACIOS COMUNITARIOS

Las habitaciones comunes incluyen la sala de estar, la cocina y el comedor. Las comentaremos una por una.

LA SALA DE ESTAR

La sala de estar es la habitación más Yang y pública del hogar. Debería ser cálida, alegre, acogedora y cómoda. Debe potenciar la interacción social. Debería decorarla con sus pertenencias preferidas, desde el punto de vista estético. Además de los sofás, sillas, mesas y lámparas, puede incluir un equipo de música, una televisión, un piano, varias obras de arte y plantas.

La sala de estar puede articularse alrededor de uno o más de los ocho puntos.

En este caso, las mejores opciones son los puntos del dinero, el matrimonio y los amigos respectivamente. Intente utilizar el punto del dinero como punto focal. Si la sala es suficientemente grande para disponer el mobiliario alrededor de dos puntos, sitúe la parte más importante en torno al punto del dinero.

Ponga una obra de arte bonita, una planta grande o el televisor en el área del punto del dinero, y distribuya los demás muebles a su alrededor, como vemos en la *figura 150*.

También puede organizar la sala alrededor de su punto del poder, en diagonal con la puerta, como muestra la *figura 151*. Esto le proporcionará el control de la habitación.

Si prefiere organizar la sala en función de una vista determinada, como por ejemplo un jardín, determine cuál es el mejor lugar de la habitación y coloque allí sus sillas o sofás preferidos para que cualquiera que se siente allí pueda disfrutar de la vista. A continuación, disponga el resto del mobiliario para complementar las sillas y/o sofás que haya colocado.

LA DISPOSICIÓN DEL MOBILIARIO

No coloque el sillón del anfitrión o el sofá principal mirando directamente hacia la puerta. Si usted es el anfitrión se sentirá de-

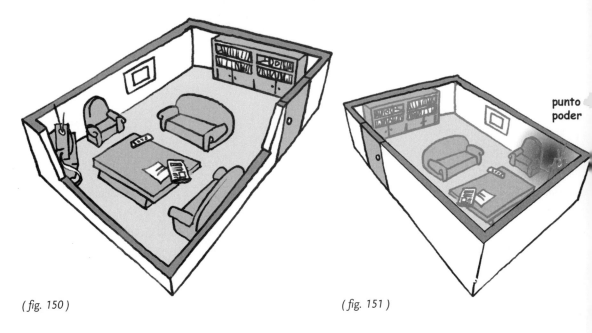

(fig. 150)

(fig. 151)

punto
poder

masiado expuesto, y cualquiera que entre en la habitación se verá enfrentado a usted.

También hay que evitar colocar el sillón principal o sofá directamente delante de una ventana, ya que esto también haría que se sintiese expuesto.

Tampoco coloque el sillón o sofá principal de espaldas a una puerta o ventana, ya que esto le hará sentirse incómodo.

Aunque las sillas y los sofás para los invitados pueden colocarse de espaldas a una ventana o puerta, es preferible que den la espalda a una pared; las paredes sirven de barreras protectoras.

Las sillas y sofás deberían emplazarse en alineaciones armoniosas con las puertas y ventanas para generar en la habitación una sensación de movilidad.

Los sofás situados frente a frente, como los de la *figura 152*, favorecen una comunicación intensa entre la gente. Esto es muy adecuado para las personas que tienen una relación íntima, pero puede resultar demasiado estresante para otras.

Si sus sofás están uno enfrente del otro y no tiene otra forma de colocarlos, puede mitigar este efecto con una iluminación suave. La disposición de los asientos de las *fi-*

guras 153 y 154 es más relajante que la de la *figura 152*.

La *figura 154* se denomina forma de arco. Es adecuada en cualquier lugar excepto ante la puerta de una habitación, ya que enviaría flechas secretas a la alcoba contigua.

Intente colocar su sillón preferido con el respaldo hacia una de sus estrellas de la suerte. Esto proporcionará a su cuerpo energía revitalizante.

Hay tres situaciones en las que el *chi* atraviesa rápidamente la habitación y la divide que deben ser remediadas. Cuando una ventana da directamente a otra ventana, utilice persianas o cortinas al menos en una de ellas. Si hay una puerta que da directamente a una ventana, coloque persianas o cortinas en ésta última. Si una puerta da directamente a otra puerta, utilice un biombo para ocultar una de las dos, siempre que el biombo no dificulte el paso.

La *figura 155* muestra otra forma de resolver el problema de las puertas enfrentadas. En la figura se ve una sala de estar que también sirve de pasillo a otras habitaciones. Como puede comprobar, el área de la sala de estar es mucho más pequeña de lo que es en realidad la habitación.

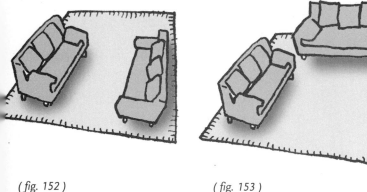

(*fig. 152*)   (*fig. 153*)

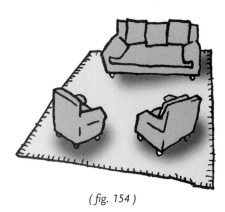

(*fig. 154*)

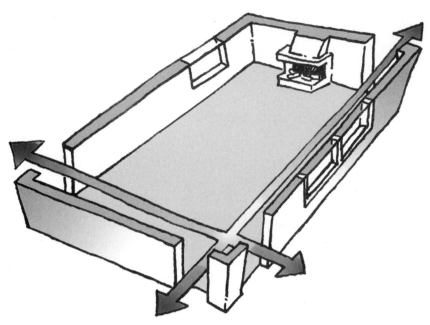

(fig. 155)

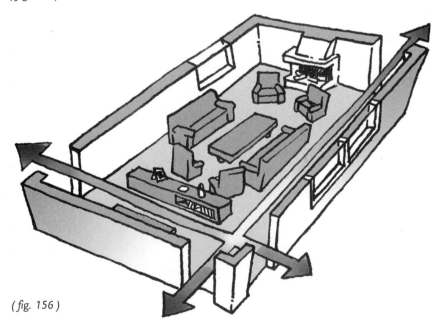

(fig. 156)

Dado que los pasillos deben estar despejados, la habitación se ha organizado para crear una sensación de intimidad en un área claramente definida, a la vez que se permite el libre movimiento en el resto de la pieza, como puede verse en la *figura 156*.

La distribución del mobiliario juntamente con la chimenea forman un octógono. El octógono, una forma geométrica muy favorable, simboliza la unión del Cielo y la Tierra.

Contrariamente a la naturaleza propia de este espacio, una sala de estar hundida es Yin. No obstante, como lo hundido incluye el elemento Agua, y como el Agua genera Madera, puede transformarse en Yang con la colocación de macetas con grandes plantas en esta habitación. Si la luz natural de esta sala es insuficiente, utilice iluminación eléctrica. Otra alternativa sería decorarla con árboles artificiales con hojas de seda.

LA SALA FAMILIAR

La sala familiar debería disponerse de forma totalmente informal, de modo que todos puedan relajarse y disfrutar de la intimidad familiar. Los muebles deben ser funcionales, cómodos y fáciles de mover, de modo que permitan diferentes actividades como juegos, mirar la televisión, etcétera. Dado que es un área muy activa y llena de alegría y calidez, el espacio familiar debería tener colores claros y estar lleno de adornos y recuerdos.

Si quiere poner una mesa de juegos o un elemento de recreo alrededor de alguno de los ocho puntos, un buen lugar puede ser el punto de la familia o de los hijos. También puede poner fotos de familiares en estos puntos.

La sala familiar sirve de barómetro del bienestar de los diferentes miembros de la familia según el siguiente método:

Busque el centro de la habitación y, después, las ocho áreas utilizando la brújula. Cada área representa un miembro de la familia. El sudoeste representa la madre; el noroeste el padre; el este representa el hijo mayor; el norte el hijo mediano; el nordeste el hijo menor; el sudeste representa la hija mayor; el sur la mediana; y el oeste la hija menor. Si tiene un hijo y/o una hija, el este representa, su hijo y el sudeste a su hija. Si tiene dos hijos y/o dos hijas, el este representa al hijo mayor, el nordeste al hijo menor, el sudeste a la hija mayor y el oeste a la menor.

Es muy probable que la habitación sufra continuos cambios, por lo que debe procurar que no se acumule el desorden en ninguna de las áreas. Esto indicaría problemas en la vida de la persona correspondientes a estas zonas.

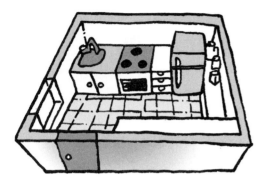

(*fig. 157*)

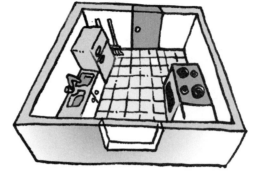

(*fig. 158*)

LA COCINA

El caldero –u olla de cocción llamado *ting* en chino– es el símbolo de la civilización. En la antigüedad, el ting se utilizaba en fiestas religiosas para alimentar a todo el mundo, incluyendo a los vivos, los antepasados y los huéspedes del cielo.

La cocina es el lugar donde se prepara la comida y, puesto que ésta es el sustento de la vida, la cocina simboliza el amor, los cuidados, el conocimiento, la abundancia y todo lo que la vida representa.

Una de las principales causas de la desintegración de la vida familiar en nuestra sociedad es que nuestros hábitos de comida suelen ser desorganizados o les damos escasa importancia. Cocinar es una expresión de apoyo. La preparación de los alimentos constituye el núcleo mismo de la vida familiar y, cuando se hace con amor y dedicación, trae buena suerte a todos los miembros de la familia.

Los elementos de la cocina son el Fuego y el Agua: el Fuego para la encimera y el Agua para el fregadero y la nevera. Puesto que el Fuego y el Agua sugieren un conflicto potencial, debe prestar atención a la colocación de la encimera, el fregadero y la nevera.

En pocas palabras, se genera *sha* cuando el fregadero y la nevera están junto o frente a la encimera. Si la encimera o el horno de pared están colocados entre el fregadero y la nevera, como en la *figura 157*, si están delante del fregadero y la nevera, como en la *figura 158*, o están en una isla en el centro de la cocina, como en la *figura 159*, el Fuego estará oprimido por el Agua, lo cual indica des-

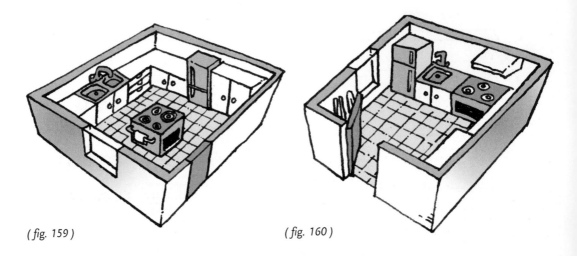

(fig. 159)   (fig. 160)

contento, obstáculos para el crecimiento económico y disputas familiares.

Si la encimera, el fregadero y la nevera se ponen en línea, como en la *figura 160*, el Fuego quedará oprimido por el Agua, lo que implica desorientación y confusión en la vida, a causa de nuestra incapacidad para ver las cosas tal como son.

Para remediar estos problemas, introduzca el elemento que se encuentra entre el Fuego y el Agua, la Madera, la cual, como recordará, está representada por los colores verde y azul claro.

Con una disposición similar a las descritas en las *figuras 157 y 160*, ponga un plato decorativo o azulejos verdes o azul claro en la pared entre la encimera y el fregadero, o entre la encimera y la nevera.

Siguiendo la disposición de las *figuras 158 y 159*, coloque una estera verde o azul entre la encimera y los demás electrodomésticos, o ponga en el suelo baldosas verdes o azules.

La cocina no debería ser un área totalmente abierta ni un pasillo a través del cual la gente va y viene libremente distrayéndole mientras está cocinando. A consecuencia de esto, la alimentación se vería alterada. La falta de una alimentación adecuada indica carencia de amor, aprendizaje y dinero. Si su cocina está en un espacio abierto, puede crear una barrera delante de ella con una mesa, o construir un mostrador que también puede servir para comer.

Una puerta detrás o al lado de la encimera, como en la *figura 161*, puede hacer que se sienta incomodo mientras cocina.

La puerta situada detrás de la encimera es peor que la que se ubica al lado. Para remediar este efecto adverso, coloque un espejo en la pared para que cuando esté de pie ante la encimera pueda ver lo que hay detrás de él y, por tanto, ello le permita tener la puerta bajo control.

La encimera no debería estar situada donde la ventilación o la iluminación sean insuficientes, ni bajo una ventana o tragaluz con demasiada corriente de aire.

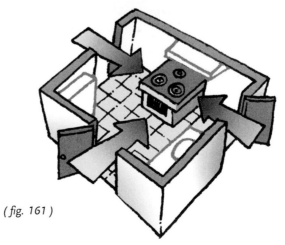

(fig. 161)

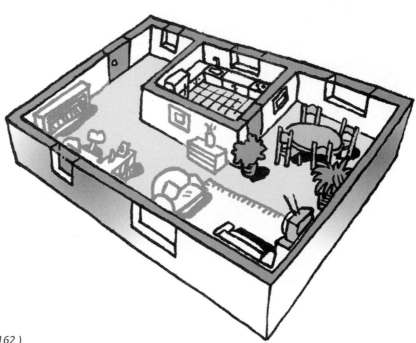

(fig. 162)

EL COMEDOR

El comedor, al igual que la cocina, debería ser una habitación cerrada. No conviene que esté abierto a las distracciones exteriores, ya que debe ser un lugar tranquilo, agradable, cálido y acogedor donde pueda reunirse con sus seres queridos y compartir los alimentos y la conversación.

El comedor debe ser cómodo e íntimo, y lo ideal es que no tenga más de dos puertas, una que dé a la cocina y otra a la sala de estar o al pasillo.

Este espacio puede decorarse con obras de arte alegres y flores naturales; es preferi-

ble que los colores sean claros y no haya demasiadas ventanas, ya que éstas generan un excesivo caudal de actividad. En el comedor no debería haber nada que le distraiga, irrite o moleste. Si hay demasiadas ventanas, cubra algunas de ellas simétricamente con persianas venecianas o cortinas. Las cortinas de encaje pueden crear asimismo un efecto agradable.

El mobiliario debería limitarse a una mesa, unas cuantas sillas y un aparador. Coloque la mesa preferiblemente en el centro de la habitación.

Lo ideal es que los respaldos de las sillas apunten a la pared, no a las ventanas o puer-

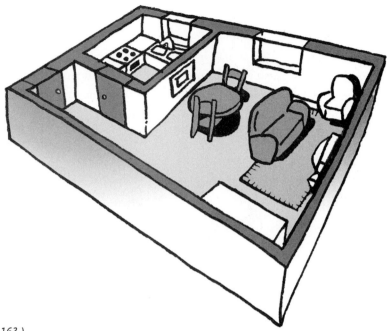

(fig. 163)

tas. Es aconsejable que el número de éstas sea par. Los números pares sugieren parejas, y las parejas sugieren amor; el amor está en la base de la nutrición y los cuidados. Hay un proverbio chino que dice «La felicidad viene por pares». Otro dice «el placer compartido es placer doble».

En la mayoría de casas y pisos modernos no hay un comedor propiamente dicho. Aunque sólo se disponga de una pequeña zona comedor, es necesario crear la misma sensación que si fuera un comedor.

Si su espacio para comer es como el de la *figura 162*, puede mejorarlo delimitar el espacio con plantas grandes.

Si se parece al de la *figura 163*, puede delimitarlo con el respaldo de un sofá u otro mueble. Asimismo, es interesante que el color de esta área sea diferente al de la sala de estar.

La forma de la mesa tiene siempre un significado simbólico. Una mesa redonda simboliza las bendiciones del cielo, una mesa cuadrada las de la tierra, y la octogonal, la reunión del Cielo y la Tierra con todos sus hijos. El círculo, el cuadrado y el octógono, como no tienen un lugar para el cabeza de mesa, sugieren humildad, compasión y amor. El rectángulo y el óvalo, en cambio, son jerárquicos, formales y menos amistosos. La mesa octogonal limita sus asientos a ocho, lo que implica que tiene que usarse como mesa buffet si hay más de ocho comensales. Una gran mesa redonda, sin embargo, no presupone ningún número concreto y es más adecuada para reuniones numerosas y agradables.

ejercicio

Siga los siguientes pasos para situar los muebles de su sala de estar:

1. *Elija el principal punto focal de la habitación. Si la habitación tiene una chimenea, ésta debería ser el punto focal. Si no hay chimenea, el foco principal podría ser uno de los ocho puntos, como el del dinero o el del matrimonio.*

2. *Si no dispone de chimenea, decida qué pondrá en el punto focal principal. Puede ser un sofá, un elemento de recreo, un piano, una escultura, un cuadro, un tapiz o una planta grande.*

3. *Determine cuál es el mueble principal. Debería ser su sofá o su sillón preferido.*

4. *Estudie la colocación del sillón o sofá en las diferentes áreas de la habitación en función de la puerta y las ventanas, y de su punto focal principal. Según lo que haya decidido colocar en el punto focal, tal vez no sea necesario que el sofá o silla estén orientadas hacia él. Por ejemplo, si este elemento es una pintura, puede colocar el sofá de espaldas a la pared, justo debajo del cuadro.*

5. *Si hay varias áreas de la habitación que son adecuadas para la colocación de su sillón o sofá, consulte su lista de datos personales para ver si alguna de estas áreas le permite orientar el respaldo del sillón o sofá en la dirección de una de sus estrellas de la suerte o en una dirección que esté en armonía con su estrella de nacimiento. Si esta alineación complementa su punto focal, úsela con tranquilidad. En caso contrario, considere la posibilidad de cambiar de punto focal.*

6. *Una vez haya encontrado el emplazamiento de su sillón o sofá preferido y el punto focal principal de la habitación, disponga el resto de muebles alrededor del punto focal. Éstos deben formar una composición equilibrada con su sillón o sofá preferido.*

CAPÍTULO 20

EL ESTUDIO
Y EL DESPACHO EN CASA

EL ESTUDIO

El estudio es una habitación para leer, escribir y meditar. El *chi* del estudio depende del equilibrio entre el Yin y el Yang; tendría que ser tranquilo y a la vez estimulante. Esta habitación no debe ser demasiado espaciosa ni demasiado pequeña, y es preferible que sea regular.

La mejor forma para el estudio es la rectangular. Si su estudio hace una «L», utilice una de las áreas para su escritorio y la otra para sentarse. Si su estudio tiene forma irregular, trátelo con los métodos comentados en los capítulos 12 y 13.

Lo ideal sería que gozara de un panorama agradable desde la ventana del estudio. Sin embargo, su atención no debe desviarse de su trabajo creativo. Si la vista es molesta, si las ventanas dan a las de sus vecinos, a un edificio en estado ruinoso, a un árbol muerto, o a vías del tren, tendido eléctrico, objetos puntiagudos, u otras causas de *sha*, cuelgue cortinas en las ventanas. También puede colgar plantas en la ventana o alféizar para lograr un buen efecto.

Debe crear una atmósfera tranquila y limpia.

Los muebles propios de un estudio son el escritorio o mesa de dibujo, las librerías, archivadores y estanterías, una silla cómoda y/o un sofá, así como obras de arte. La habitación también debe tener una alfombra. Ésta puede ser azul intenso, negra o de otro color oscuro. Su tamaño debe ser proporcionado con las dimensiones de la habitación. Lo mejor es colocarla en el centro, en línea con las paredes. Una alfombra azul intenso en el centro del estudio es como una piscina en la que puede descansar la vista y reflexionar. El centro de la habitación debería estar siempre libre. Un centro despejado simboliza el insondable Tao.

El mueble más importante del estudio es el escritorio. Para determinar la colocación del escritorio hay que seguir el mismo procedimiento que con la cama, como vimos en el Capítulo 18.

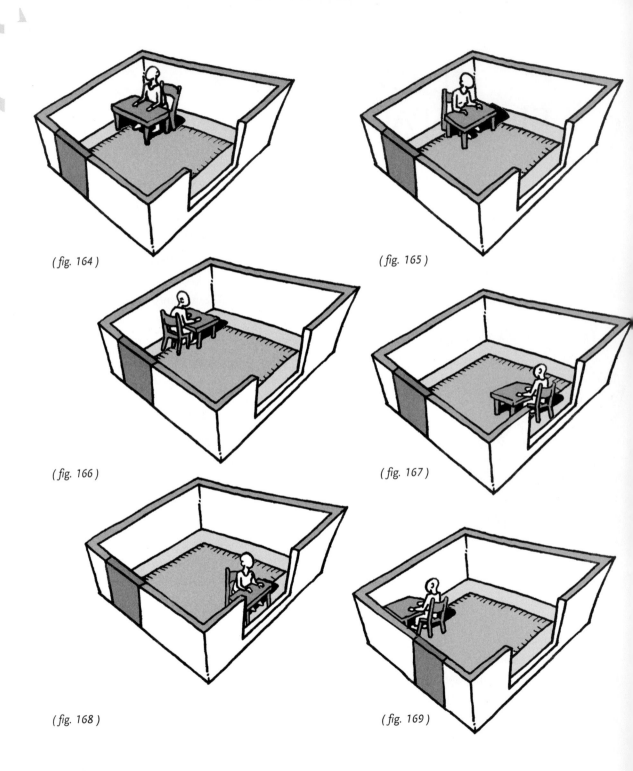

(fig. 164)

(fig. 165)

(fig. 166)

(fig. 167)

(fig. 168)

(fig. 169)

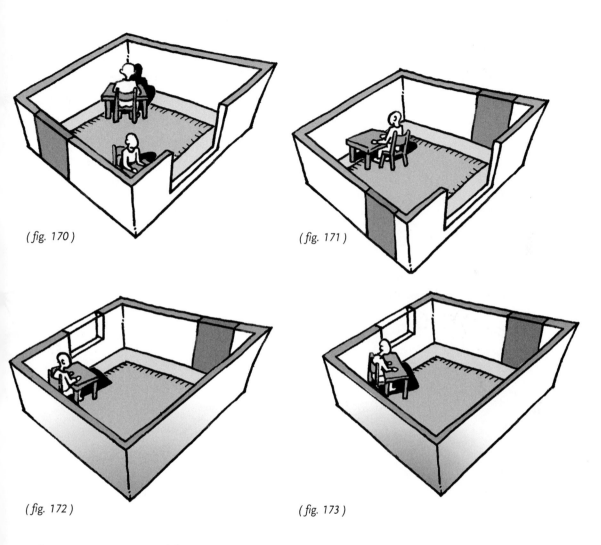

(fig. 170)

(fig. 171)

(fig. 172)

(fig. 173)

Las peores posiciones del escritorio con relación a la puerta y las ventanas se muestran en las *figuras 164-171*.

No coloque el escritorio en línea con la puerta, de cara a ella (*fig. 164*), con la puerta a su lado (*fig. 165*), o con el respaldo de la silla apuntando a ésta (*fig. 166*). No oriente el escritorio de forma que quede de espaldas a una ventana (*fig. 167*). Tampoco debe pegarlo directamente a una ventana ni colocarlo en un lugar donde se sienta encerrado e incómodo (*fig. 168, 169*) o con un campo de visión limitado (*fig. 170*). Asimismo, debe evitar que el pasillo quede detrás (*fig. 171*). No ponga el escritorio delante de un espejo.

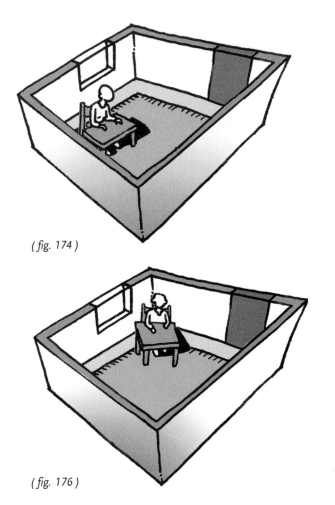

(fig. 174)

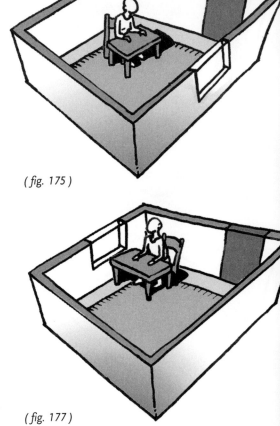

(fig. 175)

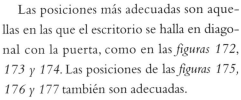

(fig. 176)

(fig. 177)

Las posiciones más adecuadas son aquellas en las que el escritorio se halla en diagonal con la puerta, como en las *figuras 172, 173 y 174*. Las posiciones de las *figuras 175, 176 y 177* también son adecuadas.

Si la habitación es suficientemente amplia, el escritorio puede colocarse de cara a la puerta, o a su lado si sitúa un biombo o un mueble alto entre la puerta y el escritorio, como en las *figuras 178 y 179*.

Para descansar la vista y crear una sensación de seguridad, es mucho mejor emplazar el escritorio de forma que el respaldo de la silla dé a una pared o esquina. Es preferible no pegar el escritorio a una de las paredes.

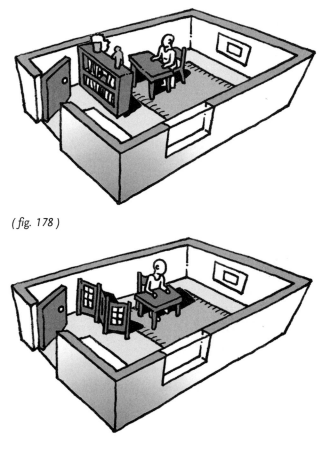

(*fig. 178*)

(*fig. 179*)

No obstante, si decide colocar el escritorio contra la pared, debe proceder de esta manera: si usted es diestro, es mejor que tenga la ventana a la izquierda, como en la *figura 180*; si es zurdo, la ventana debería quedar a la derecha, como muestra la *figura 181*.

El único caso en el que es beneficioso tener el escritorio pegado a una ventana, siempre que nadie pueda verle, es cuando ésta apunta directamente al norte, una dirección altamente favorable.

Intente colocar su escritorio de forma que cuando se halle sentado, la dirección de su estrella de la suerte, o una dirección en armonía con ella, quede a su espalda. Por ejemplo, si su estrella de la suerte es Madera

(fig. 180)

(fig. 181)

4, debería sentarse de espaldas al sudeste. Si su estrella de nacimiento es Madera 4, de espaldas al sudeste, al norte, al este o al sur.

Según su campo específico de intereses, también puede utilizar el método de los ocho puntos como guía para la colocación del escritorio y demás muebles.

Los puntos del dinero, la fama, los amigos, el trabajo y el conocimiento son áreas favorables para los intereses comerciales, financieros, profesionales y negocios.

Los puntos del conocimiento, el matrimonio, la fama y los amigos son favorables para las actividades eruditas, literarias y artísticas.

Los puntos de la familia, el matrimonio y los hijos son especialmente favorables para las relaciones sociales.

El punto de los hijos es favorable para todo lo que está relacionado con los niños, como la enseñanza, la escritura e ilustración de cuentos infantiles, el diseño de juguetes, la invención de juegos, etcétera.

Una vez decidida la colocación del escritorio, será el momento de meditar sobre la disposición de las librerías, archivadores y obras de arte. La regla principal es el orden. Los muebles deben colocarse de forma práctica y ordenada para conferir a la habitación una sensación de equilibrio y comodidad. Debe ser fácil moverse por la sala y acceder a la información.

Evite obstaculizar ventanas y puertas, así como el desorden en los rincones. Ponga las estanterías y archivadores en línea recta y de forma simétrica. Busque siempre la simplicidad. Piense creativamente y confíe en su intuición.

La iluminación del estudio tiene que ser suave, con luz directa; por ejemplo, un foco para leer y escribir, especialmente en el escritorio y junto al sofá o sillón.

Evite colgar plantas por encima del escritorio o sofá. Cualquier cosa que cuelgue por encima de usted debe evitarse.

(fig. 182)

(fig. 183)

EL DESPACHO

El despacho es semejante al estudio. Sin embargo, mientras que el *chi* del estudio siempre está equilibrado entre el Yin y el Yang, en el despacho también puede predominar el Yang. Asimismo, mientras que el estudio debe estar en una área lo más apartada posible de la casa o apartamento, el despacho, si se utiliza para recibir clientes y llevar a cabo

negocios, debería estar situado cerca de la puerta de entrada.

Para lograr una buena disposición de los elementos del despacho, trabaje con las indicaciones para el estudio, además de lo que se refiere a continuación.

Si usted practica alguna de las artes curativas, el *chi* debería estar equilibrado entre el Yin y el Yang. Intente colocar el sofá, la camilla o la estera en alguna de las áreas de *chi* positivo, las

(fig. 184)

(fig. 185)

cuales están determinadas por la dirección de la puerta de la habitación, tal como se explicó en el Capítulo 18. Si la habitación no fuera bastante grande para poner una camilla o estera en una de las áreas de *chi* positivo, colóquelas en el centro de la habitación para tener un espacio amplio donde trabajar.

Si ejerce de terapeuta o abogado y usted y su cliente se sientan cara a cara, emplace la mesa en el centro de la habitación, siempre que la habitación no sea demasiado grande. De lo contrario, escoja una área cómoda lejos de la puerta, donde pueda sentarse de espaldas a la pared y la silla del cliente aporte a éste una sensación de seguridad.

Si usa el despacho como oficina para recibir clientes, el *chi* debería ser Yang. Coloque el asiento del cliente con el respaldo mirando a la puerta. El asiento del cliente debería ser ligeramente más bajo que el suyo, de modo que al mirarle tenga que levantar la vista hacia usted.

Si utiliza la habitación como sala de conferencias, sitúe la mesa en medio, o en una posición que permita moverse fácilmente a su alrededor.

No es aconsejable colocar dos escritorios cara a cara, ya que de esta forma generarían demasiada tensión entre las personas que los utilicen.

La alineación de los escritorios como se muestra en la *figura 182*, una práctica demasiado habitual en las grandes empresas, genera una línea de *sha* de delante hacia atrás. Las *figuras 183, 184 y 185* presentan disposiciones más agradables.

Si deben sentarse varias personas, una al lado de la otra, asígneles su lugar con el método de los tipos Este-Oeste comentado en el Capítulo 18. Sitúese delante del escritorio mirando a la silla para determinar con la brújula de manera correcta la dirección del escritorio y la silla indicada.

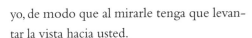

ejercicio

Siga los siguientes pasos para distribuir los muebles de su estudio:

1. *Estudie la colocación del escritorio en las diferentes áreas de la habitación en función de la puerta y las ventanas.*

2. *Si hubiera más de un área adecuada para colocar su escritorio, consulte su lista de datos personales para ver si alguna de esas áreas le permite orientar el escritorio de forma que al sentarse, quede de espaldas a la dirección de alguna de sus estrellas de la suerte.*

3. *Trate de poner su escritorio en un área significativa de la habitación, de acuerdo con el método de los ocho puntos. Si no puede utilizar este método para la colocación de su escritorio, úselo para decorar la habitación. En el Capítulo 22 se exponen detalladamente los métodos de decoración simbólica.*

4. *Una vez haya encontrado el lugar y la alineación propicias para su escritorio, disponga el resto de muebles del estudio en función de éste.*

CAPÍTULO 21

ESTUDIOS Y APARTAMENTOS DE UN DORMITORIO

EL APARTAMENTO ESTUDIO

Un pequeño apartamento puede ser más difícil de organizar que una casa o piso con varias habitaciones, ya que necesita acomodar todos los aspectos de su vida en un único espacio. El tamaño es un factor crítico. Cuanto más pequeño sea el estudio, más probable será que esté desordenado o lleno de muebles.

Las mejores formas para un estudio son el rectángulo y la «L», siempre que la «L» no sea demasiado pequeña. Evite colocar la cama donde quede encajonada por tres de sus lados, o peor aún, por cuatro, ya que el efecto es agobiante.

Dado que el estudio es fundamentalmente un espacio abierto, posee áreas Yin y Yang. Las áreas Yin son aquellas que no están alineadas directamente con la puerta y las ventanas. Son adecuadas para la colocación de muebles como la cama y la mesa para comer. Las áreas Yang están más expuestas, y son adecuadas para el área del sofá y del trabajo.

El primer mueble –y el más importante– que hay que colocar es la cama. Si sigue las indicaciones del Capítulo 18, no debería tener problemas para encontrar un emplazamiento adecuado para ella. Use un shoji u otro tipo de biombo, una vitrina o una cómoda para ocultar la cama de la puerta de entrada. Procure, sin embargo, no obstaculizar la cama. Una vez haya decidido dónde colocar la cama, tendrá que pensar cómo arreglar la habitación para acomodarla a sus actividades. Si el estudio pone de manifiesto muchos intereses diferentes y no tiene un foco definido, contribuirá a crear confusión y ansiedad. Intente lograr una organización equilibrada e integrada.

Si usted desea que el estudio sea una mezcla de dormitorio, sala de estar y espacio para trabajar, primero fije el emplazamiento de la cama y la mesa de trabajo. Siga las pautas para el estudio descritas en el Capítulo 20 para organizar el área de trabajo. Asegúrese de que éste sea abierto y cómodo. Una vez tenga la cama y la mesa de trabajo en su lugar, coloque el sofá y los demás muebles de la sala de estar para complementarlos.

Las zonas dormitorio de los estudios suelen ser muy pequeñas. Si vive en un estudio así, procure disponer esta zona de modo que la cama tenga el máximo de espacio. Debería poder moverse alrededor de la cama libre y cómodamente.

EL APARTAMENTO CON UN DORMITORIO

Si vive en un apartamento de un solo dormitorio, mantenga este último y la sala de estar separados. He visto muchos apartamentos de este tipo cuyos inquilinos habían colocado ordenadores y archivadores en su dormitorio. No es de extrañar, por lo tanto, que estuvieran abrumados por el trabajo y en su vida no hubiera lugar para sus asuntos personales.

Si tiene su lugar de trabajo en esta habitación, se haría un gran favor si lo cambiara a otro sitio. Haga del dormitorio un lugar íntimo, exclusivamente para el descanso. Utilice la sala de estar para leer, trabajar o ver la televisión.

ejercicio

Siga los siguientes pasos para disponer los muebles de su apartamento estudio:

1. *Estudie la colocación de la cama en las diferentes áreas de la habitación en función de la puerta y las ventanas. El mejor lugar para la cama es donde se encuentre más protegida.*

2. *Si hay más de una área en la habitación adecuada para la colocación de la cama, consulte su lista de datos personales para ver si alguna de ellas le permite orientarla en armonía con su estrella de nacimiento o con la dirección de una de sus estrellas de la suerte.*

3. *Una vez haya decidido la colocación de la cama, ocúpese del mueble que le sigue en importancia. Si trabaja en casa, sería la mesa de trabajo o escritorio; si no es así, el sofá.*

4. *Una vez haya emplazado el escritorio o sofá, disponga el resto de muebles en función de éste y de la cama.*

CAPÍTULO 22

FIJAR LOS OBJETIVOS: LA DECORACIÓN SIMBÓLICA

una vez haya determinado los colores y la colocación del mobiliario de su hogar, puede ir más lejos y recurrir a la decoración simbólica para centrarse en sus objetivos. El campo de la decoración simbólica es extenso y rico. Incluye imágenes, colores, plantas, diseños y agrupaciones de objetos.

El método de los ocho puntos le proporcionará las ocho direcciones simbólicas que puede utilizar de forma efectiva para fijar sus objetivos. Primero decida qué área de su vida y, por tanto, qué puntos desea enfatizar. Después elija la habitación adecuada. La sala de estar es apropiada para cualquiera de los ocho puntos, especialmente el del dinero. El dormitorio es especialmente adecuado para el del matrimonio. El estudio es una habitación ideal para el punto del conocimiento, el dinero, la fama, los amigos (incluyendo viajes y relaciones personales) y el trabajo.

Si quiere desarrollar sus conocimientos, ponga algo que le inspire y represente sus intereses en el punto del conocimiento. Si desea centrar su atención en la familia, cuelgue fotos de sus familiares en el punto correspon-

diente. Si se afana en lograr la prosperidad, decore el punto del dinero con símbolos de riqueza. Si es usted un artista o una figura pública y quiere labrarse una buena reputación, cuelgue algún objeto que relacione con el éxito en el punto de la fama. Si tiene anhelos románticos, cuelgue una foto de su ser amado o un cuadro que inspire sentimientos románticos en el punto del matrimonio. Si quiere centrarse en los hijos o desea tenerlos, cuelgue fotos de niños o recuerdos de su niñez en el punto de los hijos. Si sus intereses son sociales cuelgue fotos de gente y lugares que le gusten en el punto de los amigos.

Una vez trabajé en un apartamento de un sólo dormitorio de una persona que estaba a punto de cambiar de trabajo, concretamente de escritora *freelance* a productora de cine. Pusimos el póster de su película favorita en el punto del trabajo para que se inspirara durante el proceso de cambio.

En otra ocasión, arreglé el despacho de una persona que quería mejorar su estatus económico. Pusimos un archivador con sus informes financieros en el punto del dinero de su despacho, y encima del archivador pusimos una escultura china que representaba un sapo con una moneda en la boca, un símbolo de riqueza.

Si quiere poner algún objeto religioso o icono, utilice la dirección de la puerta para encontrar el lugar más propicio (véase cuadro).

ORIENTACIÓN DE LA PUERTA DE LA HABITACIÓN	EMPLAZAMIENTO PROPICIO DEL ICONO
Sur	Sudeste
Sudoeste	Oeste
Oeste	Sudoeste
Noroeste	Nordeste
Norte	Este
Nordeste	Noroeste
Este	Norte
Sudeste	Sur

SÍMBOLOS GENERALES

A continuación, encontrará una lista de símbolos tradicionales chinos con sus significados respectivos que pueden utilizarse para producir efectos favorables.

SÍMBOLO	SIGNIFICADO
Águilas y halcones	Clarividencia y audacia
Anciano	Larga vida
Caballo	Perseverancia y velocidad
Campanas	Rompen el *chi* negativo
Ciervo	Longevidad y riqueza
Cigarra	Renacimiento, inmortalidad, juventud eterna y alegría
Codorniz	Coraje
Caparazón	Prosperidad
Dragón	Fecundidad, nobleza y creatividad
Elefante	Sabiduría, fuerza y poder
Escoba	Eliminación de problemas y disgustos
Faisán	Realeza, buena suerte y belleza

SÍMBOLO	SIGNIFICADO
Fénix	Belleza, amor, paz y prosperidad
Flores	Riqueza
Gansos salvajes	Fidelidad conyugal
Golondrinas	Prosperidad y éxito
Grulla	Longevidad y fidelidad
León	Protección y defensa
Leopardo	Valentía
Libélula	Temporalidad y delicadeza
Liebre	Longevidad y la esencia vital de la luna
Mariposas	Amor y alegría
Monedas	Prosperidad
Mono	Sabiduría, salud y protección contra el mal
Murciélagos	Suerte, felicidad y larga vida (normalmente los pintan de rojo, el color de la alegría)
Oso	Fuerza y valor, protección contra los ladrones
Dos pájaros	Amor romántico
Paloma	Larga vida
Pato	Felicidad
Pavo real	Belleza
Peces de colores	Éxito y abundancia
Perlas	Pureza
Perro	Protección y prosperidad
Sapo	Riqueza
Tigre	Firmeza, coraje y ferocidad
Tortuga	Longevidad
Unicornio	Longevidad, fecundidad y alegría

COLORES

El cuadro de la derecha muestra una lista de colores con su significado simbólico.

PLANTAS

El cuadro inferior presenta una lista de árboles y flores con sus significados simbólicos.

COLOR	SIGNIFICADO
Amarillo	El centro y la realeza
Blanco	Pureza
Azul/Negro	Las bendiciones del cielo
Verde	Larga vida
Rojo	Alegría, fama y suerte

SÍMBOLO	SIGNIFICADO
Adelfa	Belleza
Azalea	Gracia femenina
Bambú	Larga vida y juventud
Caqui	Alegría
Cerezo	Belleza femenina, por ejemplo, labios rojos
Flor de ciruelo	Larga vida, juventud, belleza y espíritu inconquistable
Granado	Muchos descendientes prósperos
Jazmín	Dulzura, amistad y amor
Loto	Productividad
Magnolia	Dulzura femenina
Mandarino	Prosperidad
Manzano	Paz y prosperidad
Melocotonero	Amistad, matrimonio e inmortalidad
Morera	Paz doméstica
Naranjo	Felicidad y prosperidad

SÍMBOLO	SIGNIFICADO
Orquídeas	Amor, belleza, fertilidad, fuerza y encanto
Peonia	Amor, riqueza y nobleza
Peral	Pureza y larga vida
Pino	Larga vida
Roble	Fuerza y virilidad masculinas
Rosa	Belleza y amor
Sauce	Amabilidad y gracia femeninas

DISEÑOS

A la derecha se expone una lista de diseños para suelos, zócalos, telas y pavimentación del jardín.

NÚMEROS

Las pinturas, la caligrafía y el resto de objetos decorativos suelen estar dispuestos por partida doble en los hogares chinos, ya que se cree que la felicidad viene a pares. Sin embargo, puesto que los números tienen significados simbólicos, también pueden hacerse composiciones con un número específico de objetos, obras de arte, artefactos, rocas o plantas. De este modo añadirá sutilmente una nueva dimensión significativa a su espacio.

SÍMBOLO	SIGNIFICADO
Carey	Larga vida
Nubes	Sabiduría y bendiciones divinas
Agua ondulante	Riqueza y las bendiciones del cielo
Monedas	Riqueza

El **uno** simboliza el principio, la manifestación de lo Ilimitado, el Supremo, la unidad fundamental de todas las cosas. Representa la unicidad, el ego, la individualidad, la confianza en uno mismo, la distinción, el poder y la fama. Denota simplicidad y totalidad, al mismo tiempo que éxito y suerte en los proyectos.

El **dos** representa la suma y la resta, el Yang y el Yin, lo masculino y lo femenino, el sol y la luna, el inicio y el fin, la montaña y el valle, el cielo y la tierra. Encarna el dualismo de la existencia relativa, o la relación entre los opuestos, y, como tal, indica reflexión, atracción y sentimientos de compasión, amor y cariño. Debido a que une los opuestos, también implica combinación, creación y productividad. Tradicionalmente se considera el número más afortunado. Por esta razón, en los hogares chinos es común colocar parejas de objetos de adorno para atraer la buena suerte al hogar.

El **tres** simboliza la pluralidad, la expansión, la abundancia, la versatilidad y el éxito. Representa tríadas como Buda, el Dharma y el Sangha; el cielo, la tierra y el ser humano; el sol, la luna y las estrellas; el agua, el fuego y el viento; los tres reinos de la existencia (el mundo inferior, el mundo terrenal y el mundo superior); el pasado, el presente y el futuro; los tres estadios de la vida (niñez, madurez y vejez); las tres virtudes (amabilidad, simplicidad y humildad); y los «tres amigos», el ciruelo, el pino y el bambú, llamados así porque se mantienen verdes en invierno. También indica los tres estados ascendentes de energía, conocidos en la alquimia china como *ching* o fuerza generadora, *chi* o fuerza vital y *shen* o espíritu.

El **cuatro** representa la rueda de la ley, los puntos cardinales este, oeste, norte y sur; el universo material; las sustancia positiva, la realización y la estabilidad. Simboliza las cuatro estaciones y sus flores correspondientes, la peonia, el loto, el crisantemo y la flor del ciruelo; las «cuatro bellezas»: la música, la buena comida, la poesía y la conversación placentera; y las cuatro plantas conocidas como «los cuatro caballeros»: el ciruelo, la orquídea, el bambú y el crisantemo. El cuatro combinado con 8, 48 o 84 indica prosperidad.

El **cinco**, como número central del uno al nueve, simboliza el equilibrio, la rotación y la transformación. Encarna los cincos elementos; los cinco colores simbólicos; las cinco direcciones: los cuatro puntos cardinales más el centro; los cincos sabores: dulce para el elemento Tierra, amargo para el Metal, salado para el Agua, ácido para la Madera y picante para el Fuego. También denota los cinco tonos de la escala musical y, dado que comprende la totalidad de los elementos en la teoría taoísta de la naturaleza, representa la plenitud y la totalidad.

El **seis** representa los seis espíritus propicios del sol, la luna, el relámpago, el viento, las montañas y los ríos. Indica los seis familiares: padre, madre, hermano (o hermana)

mayor, hermano (o hermana) pequeño, esposa (o marido) e hijos. Encarna la unión matrimonial, la reciprocidad, la interacción de las dimensiones espiritual y material, la compasión, el amor, la paz, la armonía, la belleza y la unión sexual, así como el arte, la música y el baile. También encarna las seis emociones: la alegría, el enfado, el amor, el odio, el deleite y la pena.

El **siete** es un número misterioso. Significa las siete edades, los siete planetas y los siete días de la semana. Indica realización, duración y sabiduría, y se cree que siete veces siete, es decir, cuarenta y nueve, son los días necesarios para que el alma pase de la muerte a la rueda del renacimiento, o de la muerte a la tierra pura de la inmortalidad; encarna la renovación de la vida y la inmortalidad.

El **ocho** simboliza la buena fortuna y el poder. Representa las ocho direcciones espaciales y los ocho grandes días solares, los días del año en los que los rayos del sol son más poderosos para la tierra, los cuales son: el solsticio de invierno, el 21 de diciembre (o cero grados Capricornio), el inicio de la primavera, el 4 de febrero (o quince grados Acuario), el equinoccio de primavera, 20 de marzo (o cero grados Aries), el inicio del verano, 5 de mayo (o quince grados Tauro), el solsticio de verano, el 21 de junio (o cero grados Cáncer), el inicio del otoño, el 7 de agosto (o quince grados Leo), el equinoccio de otoño, el 22 de septiembre (o cero grados Libra), y el inicio del invierno, 7 de noviembre (o quince grados Escorpión). Encarna los ocho trigramas del I Ching y, en sus sesenta y cuatro combinaciones, la totalidad de las interacciones entre el Yin y el Yang; también representa los ocho taoístas inmortales, e indica larga vida y una gran sabiduría.

El **nueve** representa los nueve cielos y, por lo tanto, denota espiritualidad, inmensidad, viajes lejanos, sueños proféticos, percepción extrasensorial, larga vida y gran fuerza. Con él se completan los números de un sólo dígito, lo cual es sinónimo de madurez y crecimiento personal.

El **diez** es un número que encarna la plenitud y la realización. Indica gran prosperidad, longevidad y muchos descendientes. Asimismo, transmite una idea de precisión y perfección en todas las tareas que se desempeñan. Augura éxito, especialmente en la empresa y en los estudios.

 ejercicio

1. *Con el método de los ocho puntos, escoja un área de su vida en la que desee centrarse. Elija, de entre las diferentes decoraciones simbólicas, la que considere que funcionará mejor para activar y bendecir esa área.*

2. *Para atraer el chi favorable de una de sus estrellas de la suerte, localice su lugar correspondiente en su hogar y ponga allí algún tipo de decoración simbólica.*

3. *Si tiene un jardín, escoja un lugar donde sentarse y localice la dirección de su estrella de nacimiento o de una de sus estrellas de la suerte. A continuación, plante uno de los árboles o flores mencionados en este capítulo en función de su significado simbólico. Si, por ejemplo, su estrella de nacimiento es Madera 3, podría plantar un melocotonero al este de esta zona. Si nació en otoño y su estrella de la suerte es Fuego 9, puede plantar un crisantemo al sur del lugar donde va a sentarse. Si nació en el invierno de un año Madera 4, podría plantar un ciruelo al sudeste de esta misma zona.*

CAPÍTULO 23

LIGARLO TODO

M e gustaría darle unos cuantos ejemplos de algunas personas con las que he trabajado para que pueda entender cómo se sintetizan los principios y las teorías que hemos visto hasta ahora, y cómo el Feng Shui transforma drásticamente la vida de las personas, cuando están en armonía con su hogar. He cambiado los nombres para proteger la intimidad de mis clientes. Asimismo, en los apéndices encontrará varias tablas de consulta.

LA FAMILIA SMITH

Sam y Susan vivían con sus hijos, Sally y Sean, en una casa de una zona residencial. A pesar del amor que existía entre ambos, Sam y Susan estaban pasando por una crisis que amenazaba con destruir su matrimonio. Habían sufrido pérdidas económicas importantes y los niños mostraban signos crecientes de infelicidad. Contrariamente a lo habitual, no estaban rindiendo en el colegio y sus profesores habían empezado a preocuparse.

Para empezar, fíjese en las fechas de nacimiento de la familia Smith. Sam nació el 3 de julio de 1959, Susan, el 11 de octubre de 1963, Sally, el 13 de junio de 1983, y Sean, el 5 de mayo de 1985. Ésta es su tabla de datos personales:

	SAM	SUSAN	SALLY	SEAN
ESTACIÓN DE NACIMIENTO	Verano	Otoño	Verano	Verano
ELEMENTO	Fuego	Metal	Fuego	Fuego
ESTRELLA DE NACIMIENTO	Tierra 5	Tierra 5	Metal 7	Metal 6
ESTRELLAS DE LA SUERTE	Tierra 2	Tierra 2	Tierra 2	Metal 7
	Metal 6	Metal 7	Metal 6	Tierra 8
	Tierra 8	Tierra 8		

Observe que Sam, Sala y Sean nacieron durante el verano, o estación del Fuego, mientras que Susan nació en otoño, o estación del Metal.

La estrella de nacimiento de Sam es Tierra 5 y sus estrellas de la suerte son Tierra 2, Metal 6 y Tierra 8. La estrella de nacimiento de Susan también es Tierra 5 y sus estrellas de la suerte son Tierra 2, Metal 7 y Tierra 8. La estrella de nacimiento de Sally es Metal 7 y sus estrellas de la suerte son Tierra 2 y Metal 6. La estrella de nacimiento de Sean es Metal 6 y sus estrellas de la suerte Metal 7 y Tierra 8.

Curiosamente, Sam y Susan tienen ambos la misma estrella de nacimiento, Tierra 5, y comparten las Estrellas Tierra 2 y 8 como estrellas de la suerte. Sally comparte la estrella de la suerte Tierra 2 tanto con su padre como con su madre, y Sean comparte la estrella de la suerte Tierra 8 con los dos progenitores.

A juzgar por sus estrellas de nacimiento, Sam y Susan se sienten atraídos por los negocios y son capaces de trabajar duro. El problema es que ambos son muy tozudos. De hecho, era su testarudez lo que hacía peligrar su matrimonio. Ya que ambos habían nacido bajo la estrella Tierra 5, los dos tendían a ser demasiado desconfiados e irritables.

Busqué más información sobre las condiciones negativas de su hogar y encontré las siguientes pistas, representadas en la *figura 186.*

La casa de los Smith necesitaba ser decorada de forma alegre pero ordenada para adecuarse a sus estaciones de nacimiento, el verano y el otoño. Sin embargo, su casa estaba desordenada y en su decoración dominaban los colores sombríos, lo cual era indicativo de problemas.

A medida que avanzaba por las habitaciones de la casa, detecté más signos de problemas.

En la cocina, la encimera —o elemento Fuego— estaba situada delante del fregadero y la nevera, ambos del elemento Agua, lo cual, como recordarán, indica disputas conyugales.

En el piso de arriba había varios problemas con el dormitorio principal. El dormitorio estaba situado en el área oeste y noroeste de la casa, dos áreas de *chi* negativo, ya que la puerta principal y la escalera estaban orientadas hacia el sudeste. Además, la cama también estaba absorbiendo *chi* negativo, ya que estaba colocada con la cabecera contra la pared de los dos cuartos de baño. Uno de los cuartos de baño comunicaba con el dormitorio por el punto del matrimonio y, no sólo estaba agotando el *chi* asociado al matrimonio, sino que a la vez conectaba simbólicamente el matrimonio Smith con los

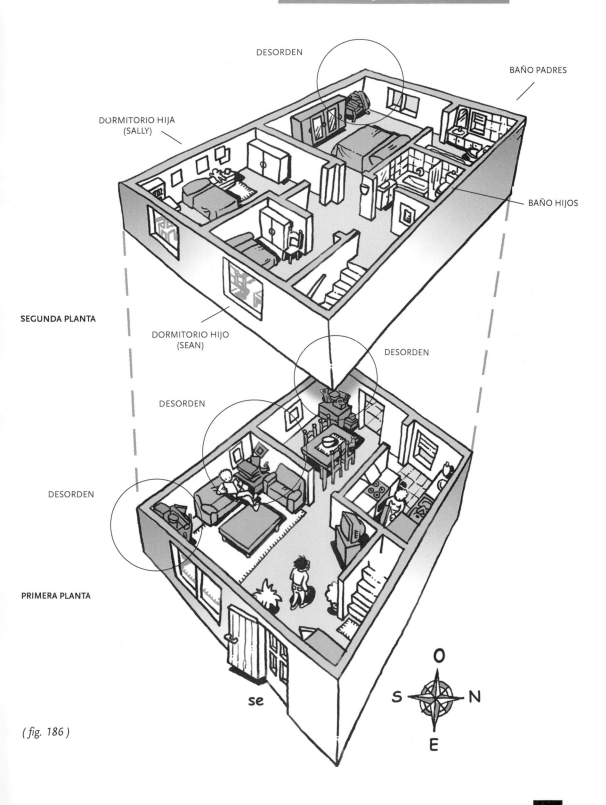

DESORDEN

BAÑO PADRES

DORMITORIO HIJA
(SALLY)

BAÑO HIJOS

SEGUNDA PLANTA

DORMITORIO HIJO
(SEAN)

DESORDEN

DESORDEN

DESORDEN

PRIMERA PLANTA

se

O

S   N

E

(fig. 186)

desperdicios. Aparte de eso, las cañerías del aseo goteaban, lo cual indicaba pérdidas económicas. La cama estaba en línea con la puerta del dormitorio, por lo que el *chi* que entraba por la puerta atravesaba la cama. Por otra parte, los pies de la cama apuntaban directamente a los espejos de cuerpo entero del armario empotrado, un factor más que impedía el descanso de la pareja.

En el punto del dinero de las esquinas oeste de la casa, tanto en el piso de arriba como en el de abajo, había desorden, y esto indicaba problemas económicos ocasionados por falta de comunicación. El desorden en el punto de la familia, en el área sudoeste del piso de abajo, indicaba que Susan padecía ansiedad y que había preocupación y angustia en la familia acerca de cuestiones relativas a la manutención y los cuidados. El desorden en el punto del conocimiento indicaba confusión con respecto al amor; algo estaba siendo malinterpretado y/o ocultado.

Si mira la estrella de nacimiento de Sam y Susan, y su relación con la puerta de entrada a su casa, entenderá los problemas de la familia Smith. Su puerta está orientada hacia el sudeste, lo cual significa que la buena fortuna de Sam va unida a su fidelidad con la familia. (véase Capítulo 8 sobre las fortunas de la puerta). No obstante, Susan dudaba de la fidelidad de Sam y sus sospechas creaban una tensión que repercutía en toda la familia.

Así pues, el primer paso para resolver los problemas y equilibrar el *chi* de la casa fue armonizar el elemento de la estrella de nacimiento de todos ellos con el de la puerta. El elemento de la estrella de nacimiento de Sam y Susan era Tierra, y el elemento de la estrella de nacimiento de Sally y Sean era Metal. Dado que el elemento de la puerta era Madera, era necesario introducir el elemento Fuego para armonizar a Sam y Susan con la puerta, e introducir el elemento Agua para armonizar Sally y Sean con esta misma. Para ello, se colocó una pequeña alfombra delante de la puerta que incluía el color azul claro para la Madera, el azul oscuro para el Agua y el color ciruela para el Fuego.

El siguiente paso fue eliminar las áreas desordenadas y reparar las cañerías de los cuartos de baño del piso de arriba.

El problema de la cocina se resolvió al colocar una estera azul claro entre la encimera y el fregadero, además de introducir la Madera para armonizar los elementos Fuego y Agua, con lo que se redujeron las peleas entre Sam y Susan.

En el piso de arriba, en el dormitorio principal, se dispuso un espejo de cuerpo entero en el exterior de la puerta del baño para trans-

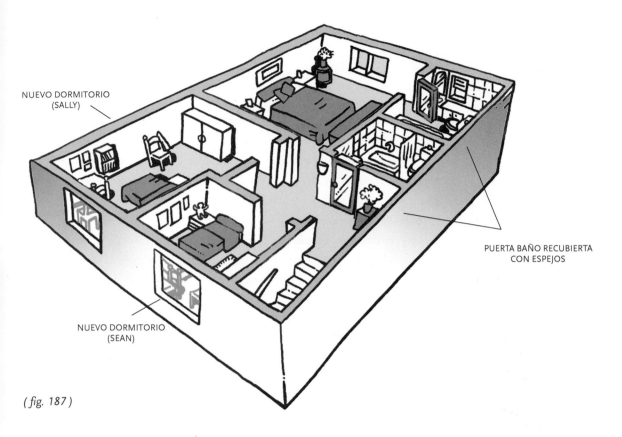

NUEVO DORMITORIO
(SALLY)

PUERTA BAÑO RECUBIERTA
CON ESPEJOS

NUEVO DORMITORIO
(SEAN)

(fig. 187)

formar el *chi* negativo que entraba en el dormitorio desde allí. Asimismo, se sacaron los espejos del armario empotrado para relajar el *chi* del dormitorio. Los armarios empotrados y la cama se trasladaron a las paredes opuestas, como muestra la *figura 187*. Esto permitió que la cama estuviera en un área más tranquila, ya que no estaba en el camino de la puerta.

Se colocó un espejo de cuerpo entero en la puerta del baño de los niños para transformar el *chi* negativo que entraba en línea recta desde el cuarto de baño al dormitorio de Sean.

Además, les recomendé a Sally y Sean que intercambiaran sus dormitorios, ya que así podrían tener sus camas alineadas conforme a sus estrellas de la suerte, como muestra la *figura 187*. La cama de Sean sólo podía orientarse hacia el nordeste en el dormitorio de Sally, y la cama de Sally sólo podía orientarse hacia el noroeste en el dormitorio de Sean.

El *chi* de la casa también debía equilibrarse con colores. Toda la casa se iluminó con alegres composiciones florales y obras de arte para que la energía del Fuego resultara estimulante para Sam, Sally y Sean. El comedor, antes marrón claro y marrón oscuro, se decoró de blanco y azul. El área de la cocina, anteriormente blanca, se decoró con tonos rojos. El dormitorio principal, antes blanco, marrón y ocre, fue decorado con crema y azul.

Por último, había que crear un nuevo espacio que simbólicamente reforzara el matrimonio. Se eligió el cuadrante norte, el área comedor de la cocina, ya que era el punto del matrimonio de la casa. Se colgó un cuadro con gansos salvajes, símbolo de la fidelidad conyugal, y todo el área se dispuso de modo que fuera cómoda y acogedora. Se limpió a fondo toda la habitación, se colgaron cortinas blancas de encaje y se colocó una bonita mesa con dos sillas delante de la ventana para que Sam y Susan pudieran compartir juntos algunos ratos de tranquilidad.

La vida de la familia Smith mejoró. Sam y Susan pasaban más rato juntos; les encantaba su rincón en el punto del matrimonio. Las sospechas de Susan sobre las infidelidades de Sam se desvanecieron. Los niños estaban más contentos y relajados; les encantaban sus nuevos dormitorios y lo último que oí es que habían progresado en el colegio.

JENNIFER LEE

Jennifer era una mujer soltera de 36 años que vivía en un piso de un solo dormitorio. Aunque a Jennifer le iba bien en su trabajo y era bastante activa, socialmente se encontraba sola e insatisfecha. El amor la había decepcionado y se desanimaba al pensar que nunca se casaría.

Jennifer nació el 24 de abril de 1958. Su estrella de nacimiento es Fuego 9 y su estrella de la suerte Madera 4. Nacida en la primavera, la estación de la Madera, de un año Estrella 9, su naturaleza es optimista, juvenil, cariñosa y risueña, y está llena de planes e ideas creativas.

Al combinar las correspondencias de la estrella de nacimiento de Jennifer (Fuego 9), su estación de nacimiento (primavera), su constitución física (Yin) y su trabajo en artes gráficas, también Yin, deduje que su hogar debería ser luminoso y alegre con formas rectangulares y cuadradas, composiciones florales llenas de color y/o obras de arte, y los colores de la Madera, el Fuego y la Tierra (azules claros y verdes, rojos y púrpuras, y dorado). Su estrella de la suerte, Madera 4, favorecía el verde. También era importante que Jennifer tuviera un área relativamente tranquila que pudiera usar como estudio y biblioteca.

El piso de Jennifer tiene la distribución que muestra la *figura 188*.

El dormitorio de Jennifer tenía dos entradas, una por el pasillo y otra por la sala de estar. Esto significa que los ocho puntos de

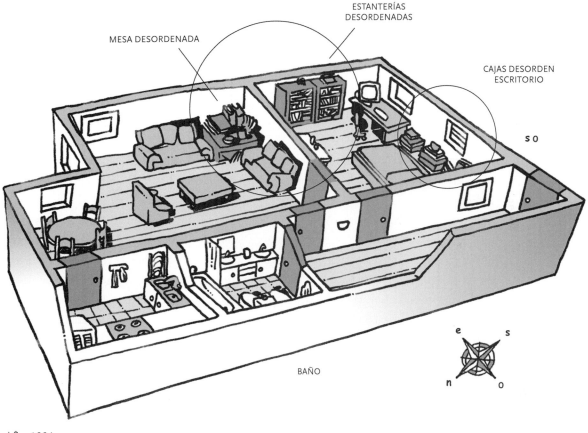

MESA DESORDENADA

ESTANTERÍAS
DESORDENADAS

CAJAS DESORDEN
ESCRITORIO

s o

BAÑO

e s

n o

(fig. 188)

su habitación podían leerse de dos formas diferentes, según cuál fuera la puerta más utilizada. Debido a que Jennifer había unido el dormitorio y su espacio de trabajo, estaba acostumbrada a utilizar la entrada del pasillo. Esto hacía que su dormitorio fuera demasiado activo y estuviera expuesto al mundo exterior; al mismo tiempo, colocaba su escritorio en el punto del matrimonio del dormitorio, lo cual indicaba que su trabajo estaba excluyendo su vida amorosa.

Además, las estanterías desordenadas —llenas de papeles sueltos y libros— del área sur respecto a la cama indicaban que estaba experimentando ansiedad y confusión en los asuntos sentimentales. Otras cajas llenas de papeles sueltos en el área sudoeste reflejaban sus sentimientos de inseguridad, y la mesa desordenada en el punto del matrimonio de la sala de estar en el sudeste revelaba la frustración y el malestar que le causaban sus problemas amorosos.

El área este deprimida —que también era el punto del matrimonio del apartamento— indicaba su confusión sobre la pareja y su miedo a sentirse atrapada.

La combinación entre la dirección de su puerta de entrada y su estrella de nacimiento era sin embargo, propicia y hacía que Jennifer se sintiera esperanzada. Esta combinación indicaba que si organizaba mejor su tiempo y actuaba en el momento oportuno, se casaría inesperadamente. Por lo tanto, el piso era en realidad un espacio favorable para ella, ya que le permitía cambiar su destino.

Para ayudar a Jennifer a resolver sus problemas y a la vez equilibrar el *chi* de su hogar, primero le recomendé que, para que su dormitorio estuviese más aislado, cerrara la entrada del pasillo y utilizase sólo la entrada de la sala de estar. Después le aconsejé que se deshiciera de todo el desorden, que sacara las estanterías y el escritorio de la habitación y los pusiera al fondo de la sala de estar y en el pasillo, como muestra la *figura 189*. También le recomendé que apartara la cama de la línea de la puerta y la cambiara de posición, de forma que la cabecera señalase al sudeste, la dirección de Madera 4, su estrella de la suerte. Una vez estuvo tapiada la puerta del pasillo, las posiciones de los ocho puntos del dormitorio se redistribuyeron y se dispuso una zona para sentarse en el nuevo punto del matrimonio. Esta parte se decoró con cuadros románticos.

En el área trasera de la sala de estar se creó un espacio de trabajo. Su escritorio se colocó de forma que la ventana quedara a la izquierda, en lugar de justo delante, como estaba en el dormitorio. Para ayudar a definir el espacio de trabajo y el área social de la sala de estar, se colocaron dos alfombras persas con diferentes tonos de rojo. La más viva fue colocada en el área social, y la oscura en el espacio de trabajo, para así enfatizar la naturaleza Yin de éste.

El área deprimida, entre la sala de estar y el comedor, se resolvió colgando cortinas con motivos verdes y rosas. Se colocó una planta en la esquina este, la cual contribuía a mejorar el área deprimida y delimitaba mejor el comedor.

Se colgó un espejo de cuerpo entero en el exterior de la puerta del cuarto de baño, y dentro se colgaron dos espejos opuestos, ya que la puerta del aseo era visible desde la entrada del piso y no había ninguna ventana en el cuarto de baño.

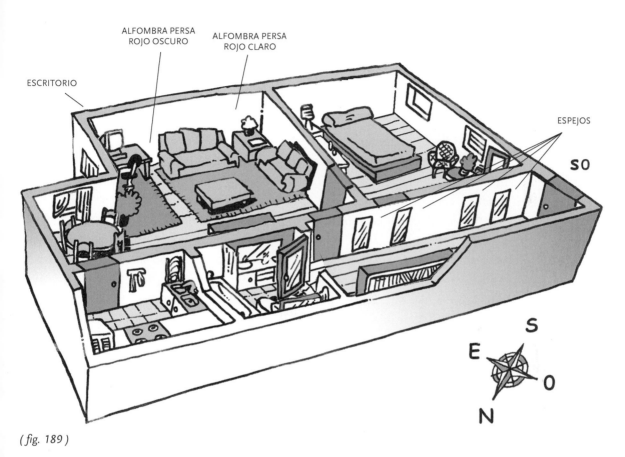

ALFOMBRA PERSA
ROJO OSCURO

ALFOMBRA PERSA
ROJO CLARO

ESCRITORIO

ESPEJOS

SO

S

E   O

N

(fig. 189)

Asimismo, se colgaron varios espejos de cuerpo entero en el pasillo para compensar la longitud de éste y la mala ventilación.

En la cocina, le recomendé que pusiera algo verde o azul claro en el espacio entre la encimera y la nevera para así armonizar sus elementos. Jennifer eligió decorar la pared de detrás de la encimera utilizando azulejos con dibujos azul claro.

Se utilizaron varios colores para equilibrar el *chi* de su piso a la vez que se incorporaban sus colores personales indicados por su estrella de nacimiento y sus estrellas de la suerte. El pasillo, antes blanco, se decoró con blanco y rosa; la sala de estar, originariamente azul y marrón, se decoró con tonos rojos brillantes y oscuros, y algunos toques de azul claro y verde; el dormitorio marrón y beige se redecoró con crema y azul claro; el cuarto de baño y la cocina se dejaron de color blanco, y el área del comedor, marrón claro y amarillo.

Poco después de terminar el trabajo y cambiar la posición de la cama, Jennifer conoció a un hombre de cuya compañía disfrutaba y tuvo valor para empezar lo que ahora parece una relación prometedora.

LA FAMILIA BROWN

Robert y Carolyn Brown, de 50 y 49 años, vivían con su hijo Michael de 14 años y su hija Linda de 9 en un *loft* del centro de Manhattan. Robert tenía éxito en sus negocios y estaba, por lo general, contento con su vida. Carolyn, en cambio, se hallaba en un estado de confusión y cambios profundos,

ya que debía decidir si continuaba siendo madre y ama de casa a tiempo completo o si se embarcaba en una nueva carrera profesional. Michael estaba contento. Tenía muchos amigos e iba bien en el colegio. Linda, aunque sacaba buenas notas, era una niña sensible y se preocupaba con facilidad.

La fecha de nacimiento de Robert era el 12 de agosto de 1944 y la de Carolyn el 13 de octubre de 1945. Por lo tanto, ambos padres habían nacido en otoño, la estación del Metal. Michael nació el 1 de Marzo de 1980 y Linda el 10 de febrero de 1985, lo que significa que los dos hijos nacieron en la primavera, la estación de la Madera.

Las estrellas de la familia Brown eran las siguientes: la estrella de nacimiento de Robert es Tierra 2 y sus estrellas de la suerte, Metal 6,

	ROBERT	CAROLYN	MICHAEL	LINDA
ESTACIÓN DE NACIMIENTO	Otoño	Otoño	Primavera	Primavera
ELEMENTO	Metal	Metal	Madera	Madera
ESTRELLA DE NACIMIENTO	Tierra 2	Tierra 5	Tierra 2	Fuego 9
ESTRELLAS DE LA SUERTE	Metal 6	Tierra 2	Tierra 5	Madera 3
	Metal 7	Metal 7	Metal 6	Madera 4
	Tierra 8	Tierra 8	Metal 7	
			Tierra 8	
			Fuego 9	

Metal 7 y Tierra 8. La estrella de nacimiento de Carolyn es Tierra 5 y sus estrellas de la suerte, Tierra 2, Metal 7 y Tierra 8.

La estrella de nacimiento de Michael es Tierra 2, como la de su padre, y sus estrellas de la suerte son Tierra 5, Metal 6, Metal 7, Tierra 8 y Fuego 9. La estrella de nacimiento de Linda es Fuego 9 y sus estrellas de la suerte son Madera 3 y Madera 4.

Éste es un cuadro con los datos de la familia Brown:

Michael tenía más en común con sus padres, sobre todo con su padre, que con Linda, aunque él y Linda habían nacido en la misma estación. El padre, la madre y el hijo era todos tipos Oeste, nacidos bajo estrellas Tierra, y todos tenían como estrellas de la suerte el Metal 7 y Metal 8. Por contraste, Linda era del tipo Este y no compartía ninguna estrella de la suerte con los demás. Era completamente diferente al resto de la familia y, por tanto, su caso tenía especial interés.

Las estrellas de nacimiento de Michael y sus padres estaban en armonía con la puerta orientada hacia el oeste, pero la estrella de Linda no estaba en armonía con esa misma puerta.

Sus fortunas, derivadas de las combinaciones de sus estrellas de nacimiento y la orientación de la puerta de entrada, revelaban que Robert y Michael se hallaban en un punto armonioso y afortunado, que Carolyn necesitaba cultivar su independencia si quería conseguir alguno de sus objetivos, y que Linda se enfrentaba a dificultades y retos. Decidí, por lo tanto, concentrarme en la situación de Carolyn y Linda para equilibrar el espacio de forma que les resultara más propicio.

La combinación de las estrellas de nacimiento de todos ellos con sus estaciones revelaba que el hogar de los Brown debería ser muy cómodo y a la vez ordenado. Tendría que estar cálidamente decorado con formas cuadradas y bonitos arreglos florales y obras de arte, y tener los colores de la Tierra y el Fuego —amarillos y marrones— donde fuera posible. Asimismo, debía proporcionar a los hijos un espacio amplio para el estudio y las actividades creativas. Al observar la casa, (*fig. 190*) se encontró una serie de anomalías.

Las habitaciones estaban situadas en el extremo trasero del *loft* y sus ventanas daban a un conducto de ventilación. Los dormitorios eran oscuros y opresivos y, para empeorarlo aún más, el dormitorio de los padres estaba pintado de azul oscuro.

El desorden de la habitación de los padres en las áreas norte y noroeste del *loft* insinuaba el origen de las dificultades de Carolyn

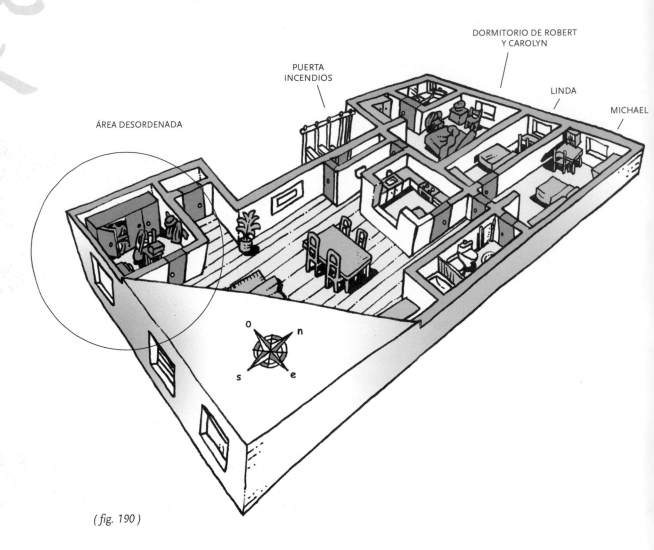

ÁREA DESORDENADA

PUERTA
INCENDIOS

DORMITORIO DE ROBERT
Y CAROLYN

LINDA

MICHAEL

(fig. 190)

para definir sus metas profesionales. Estaba reprimiendo sus propios deseos debido a su miedo al cambio y a perder el control.

El desorden en el área sudoeste indicaba su gran preocupación por culpa de sus impulsos creativos confusos. Las exageraciones de las áreas noroeste y sudoeste (que simbolizan la madre y el padre respectivamente)

mostraban que tanto Robert como Carolyn eran personas extremadamente fuertes y voluntariosas. También sugerían que Carolyn temía que si hacía uso de su independencia y cambiaba el estatus quo familiar, ella y Robert podían entonces entrar en conflicto.

Además de las dificultades que señalaban las áreas desordenadas, todas las camas esta-

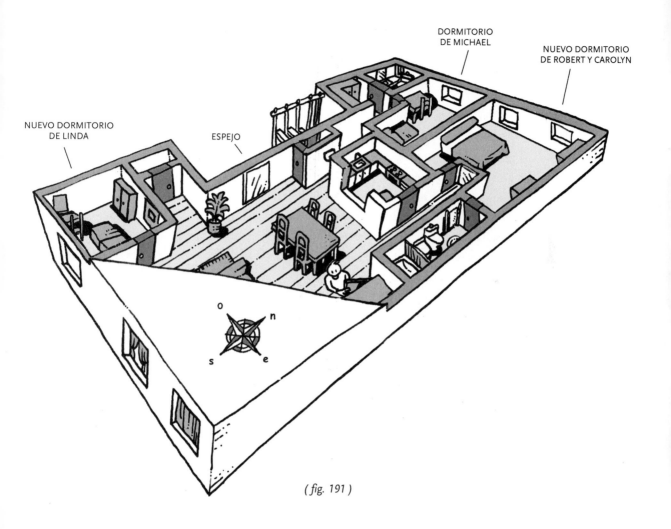

NUEVO DORMITORIO
DE LINDA

ESPEJO

DORMITORIO
DE MICHAEL

NUEVO DORMITORIO
DE ROBERT Y CAROLYN

(fig. 191)

ban en posición incorrecta. La cama de Michael y la de sus padres apuntaban hacia el este y no estaban en armonía con sus estrellas de nacimiento y sus estrellas de la suerte. La cama de Linda estaba en un espacio alargado y estrecho, con la cabecera en una pared y los pies en otro; un espacio de lo más desfavorable.

Para resolver estos problemas y equilibrar el *chi* del espacio con los colores apropiados, se siguieron los siguientes pasos, tal como muestra la *figura 191*.

Todas las camas fueron reorientadas hacia sus estrellas de la suerte. A Linda se le asignó la habitación sudoeste y su cama se colocó de modo que pudiese dormir con la cabeza

hacia el este. Se eliminó el desorden que había estado en la esquina sudoeste y se construyeron armarios nuevos para la sección oriental del *loft*. Acto seguido, se derribó el tabique que separaba el espacio de Linda de la habitación de Michael. Esta habitación ampliada fue asignada a Robert y Carolyn, y su cama se orientó de modo que pudiesen dormir con la cabeza hacia el oeste, la dirección de Metal 7, una de sus estrellas de la suerte. Se construyó una pared de espejo en la entrada de su dormitorio como barrera para protegerlos de las intrusiones, y evitar que el *chi* entrara directamente al dormitorio pasando por medio de su cama. Lo que antes había sido el dormitorio de los padres se convirtió en el dormitorio de Michael, y su cama se colocó de forma que la cabeza apuntase al sur, la dirección de su estrella de la suerte, Fuego 9. La puerta original de esta habitación fue tapiada para alargar pared y poder acomodar la cama. Se levantó una nueva pared con otra puerta para dotar a su habitación de mayor independencia y permitir a Linda un acceso más privado al cuarto de baño contiguo.

Además, dado que la estrella de nacimiento de Linda no estaba en armonía con el elemento de la puerta de entrada orientada hacia el oeste, se puso un cuadro de flores amarillas cerca de la puerta para transmitir a Linda el equilibrio necesario, ya que el amarillo se corresponde con la Tierra y mitiga el conflicto entre el Fuego y el Metal.

Para compensar la forma irregular del *loft*, se colocó un gran espejo en la pared oeste del punto del trabajo, un lugar propicio, si tenemos en cuenta el dilema en el que se hallaba Carolyn.

El área noroeste exagerada, un cuarto de baño y vestidor, que antes era azul oscuro, se decoró de blanco y azul marino, y el área exagerada del sudoeste, antes de un amarillo apagado, se pintó de blanco. Para equilibrar el *chi* del espacio con el elemento de la puerta de entrada, en los dos dormitorios del extremo norte se utilizó el blanco y el azul claro. El nuevo dormitorio de los padres, antes amarillo, se decoró de blanco con toques de dorado para favorecer a Carolyn. La habitación principal, anteriormente de color blanco, marrón claro y verde, se decoró con tonos marfil, azul claro y azul marino, y se colgaron cortinas beige en las ventanas sur. El nuevo dormitorio de Linda, además del color blanco, fue decorado con matices verdes para acomodar su estrella de la suerte, Madera 4. Se utilizaron matices púrpura en la nueva habitación de Michael para acomodar su estrella de la suerte, Fuego 9.

Poco después de llevar a cabo estos cambios, Carolyn tomó la decisión de estudiar diseño de interiores, algo que siempre había querido hacer. Linda, que estaba entusiasmada con su nuevo dormitorio, estaba más contenta y empezó clases de danza. Michael estaba muy satisfecho con su nuevo dormitorio, y Robert estaba encantado de ver los cambios positivos en la vida de su mujer y su hija.

BILL

Bill es un escritor y profesor soltero de 32 años que vive solo en un pequeño piso de un único dormitorio. Me llamó porque padecía insomnio, su trabajo de escritor estaba bloqueado y tenía problemas económicos. También estaba afligido a causa de una relación de pareja que había fracasado y estaba cuestionándose su capacidad para tener una relación profunda con una mujer.

Al haber nacido el 10 de mayo de 1963, su estrella de nacimiento es Agua 1 y sus estrellas de la suerte Metal 6 y Metal 7. Nacido en verano, la estación del Fuego, de un año Agua 1, Bill es ambicioso, trabajador, tiene talento, es muy emotivo, está deseoso de atención y se siente atraído por las relaciones amorosas. Al mismo tiempo es desconfiado y reservado.

La combinación de la estrella de nacimiento de Bill y su estación con su constitución física Yang y su profesión Yin —la enseñanza y la escritura— aconsejaban que su casa se pintase con tonos Yin, y se decorara con formas y diseños redondos y ondulantes, bonitos arreglos florales y/o obras de arte, además de los colores del Agua y el Metal: negro, blanco (para su estrella de la suerte Metal 6) y rojo claro (para su estrella de la suerte Metal 7).

El estado del piso de Bill, como puede verse en la *figura 192*, arrojó elementos muy reveladores.

El desorden en el área este, el punto del conocimiento delante de la entrada, nos indica que Bill se sentía confuso e indeciso, y que tenía muchos obstáculos en su camino. La estantería desordenada en el área nordeste, el punto del trabajo, sugiere que estaba preocupado por no tener suficientes recursos para lograr el éxito en su profesión.

El desorden alrededor de su escritorio en el área oeste, el punto del matrimonio, revelaba que su dolor por el fracaso de una relación y su incapacidad para relajarse tenían mucho que ver con su bloqueo como escritor. Había un montón de papeles y cajas debajo de su enorme cama, la cual estaba encajonada entre la ventana y las dos paredes de la pequeña habitación que daba al sur, en

ÁREAS DESORDENADAS

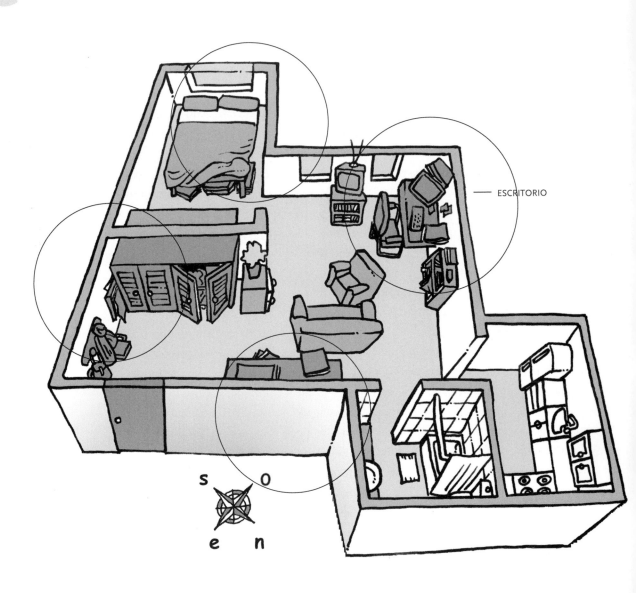

ESCRITORIO

S   O

e   n

(fig. 192)

el punto exagerado del dinero. Todo esto indicaba que su tendencia a vivir por encima de sus posibilidades y endeudarse estaba relacionada con sus problemas emocionales y sentimentales.

Era fácil comprender que su cama obstaculizaba el *chi* y lo exponía a un peligro potencial. La corriente de aire frío de la ventana también hacía que se sintiese vulnerable.

El área exagerada del norte situada en el punto de los amigos revelaba que sus miedos y emociones repercutían en la vida social de Bill. La oposición del área norte (Agua) y sur (Fuego) ponía de manifiesto el conflicto. El remedio era simple: el área norte, que incluía la cocina y el cuarto de baño, se decoró con tonos verdes y azules, los colores de la Madera, para equilibrar el elemento Agua exagerado. La pequeña habitación del sur se pintó de beige, el color de la Tierra, para equilibrar el elemento Fuego exagerado.

La puerta de entrada del piso de Bill estaba orientada hacia el nordeste. La combinación de la puerta con la estrella de nacimiento de Bill (Agua 1) indicaba que aquél era un lugar solitario para él, pero que si estaba dispuesto a vivir de forma sencilla, adaptarse y ser paciente, con el tiempo alcanzaría el éxito.

Se eliminó todo el desorden para ayudarle a resolver sus problemas y equilibrar el *chi* de su piso. La estantería situada en el punto del trabajo fue ordenada, poniendo especial atención a los libros que Bill encontraba más interesantes y relevantes para su trabajo.

Se sacó la descomunal cama de la habitación pequeña y, en su lugar, se colocó una cama plegable en la pared noroeste, como muestra la *figura 193*, para que cuando Bill durmiera, su cabeza apuntara a su estrella de la suerte, Metal 6, y tuviera suficiente espacio a su alrededor. Se agregó un biombo para ocultar la cama de la puerta de entrada y crear además un área recibidor.

La pequeña habitación del sur se vació por completo y se convirtió en un estudio. El escritorio se trasladó de la esquina oeste de la puerta principal y se colocó en otro lugar, de forma que cuando Bill se sentase tuviese la puerta a su derecha y la ventana a su izquierda, ya que es diestro.

Puesto que el cuarto de baño no tenía ninguna ventana, se instalaron unos espejos frente a frente en las paredes para que se reflejaran entre sí y activaran el *chi*.

La habitación principal, originariamente blanca y beige, no necesitaba equilibrarse con el elemento Tierra de la puerta entrada, pero se pintó de negro, crema y rojo claro,

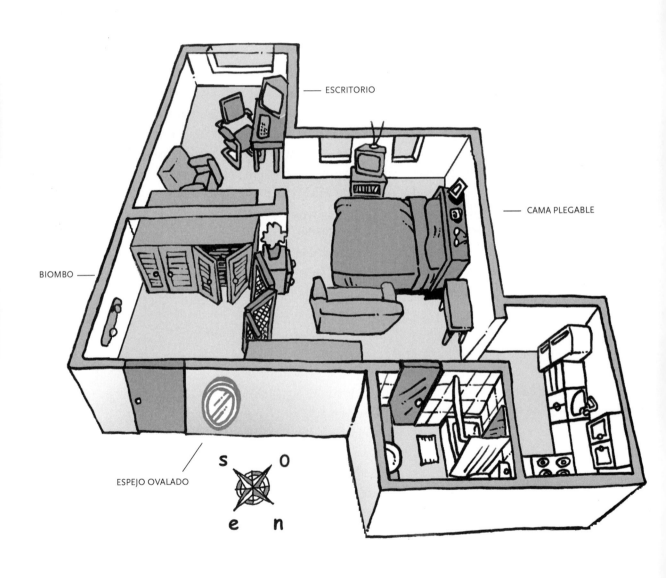

ESCRITORIO

CAMA PLEGABLE

BIOMBO

ESPEJO OVALADO

S   O

e   n

(fig. 193)

los colores de las estrellas de nacimiento y de la suerte de Bill. Se colgó un espejo ovalado –un elemento Metal– en la pared contigua a la puerta principal para armonizar el elemento Agua de la estrella de nacimiento de Bill con el elemento Tierra de la puerta. El recibidor de nueva creación, en el cuadrante este del piso, se decoró con colores suaves de Fuego –rojos y púrpuras– para armonizarlo con la puerta de entrada. En el nuevo estudio de Bill se colgaron cortinas blancas para acomodar su estrella de la suerte, Metal 6.

Una vez realizados todos los cambios, Bill se encontró mucho mejor. Fue capaz de desprenderse de su aflicción e interesarse por la vida social. Esto le permitió reavivar el interés por su trabajo, empezar a vivir de acuerdo con sus posibilidades económicas, superar su bloqueo creativo y recuperarse de su insomnio. Pronto estuvo ocupado en un nuevo proyecto literario y plenamente feliz.

ENCONTRAR UN NUEVO HOGAR Y HACER CAMBIOS

E ncontrar un nuevo hogar siempre constituye un momento crucial en la vida. Al ordenar las cosas, deshacernos de lo que ya no nos sirve, empaquetar, abandonar el viejo lugar y trasladarnos a uno nuevo, podemos resolver el pasado a la vez que tomamos decisiones que afectarán nuestro futuro.

El momento del traslado es importante y tendrá efectos negativos o positivos en su salud, trabajo, economía y relaciones personales. Antes de empezar el traslado en sí, dedique algún tiempo a pasar revista a lo que ha conseguido hasta ahora y clarifique sus planes futuros lo mejor que pueda. Si se traslada por motivos positivos, y va a un bonito lugar en un buen momento, la fortuna le acompañará. Si se traslada bajo circunstancias difíciles, pero a un buen lugar y en un buen momento, su suerte cambiará a mejor. Sin embargo, si se cambia de hogar bajo circunstancias difíciles y va a un mal lugar en un mal momento, estará saliendo del fuego para meterse en las brasas.

Hay mucha gente que inconscientemente se traslada a lugares que tienen repercusiones

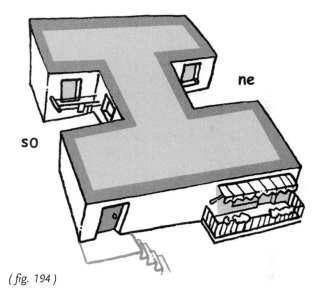

so ne

(fig. 194)

adversas en su vida, o que agravan las condiciones adversas ya existentes. Por ejemplo, una familia se trasladó a una casa que le ocasionó serias dificultades económicas, o una pareja se divorció después de trasladarse a una casa en la cual los anteriores propietarios se habían divorciado, al igual que sus antecesores. Una mujer que padecía un nerviosismo extremo y problemas digestivos (trastornos asociados al desequilibrio de la Tierra) encontró que sus síntomas se agudizaron cuando se trasladó a un piso que tenía la forma básica que se muestra en la *figura 194*.

Además de tener las áreas sudoeste y nordeste deprimidas, su centro era como una pinza. Esta forma se parece al caracter chino *kung*, que significa labor; se considera una forma desfavorable, y los que viven en un espacio de este tipo se verán abrumados por toda clase de problemas.

Si piensa trasladarse, tenga en cuenta las siguientes pautas antes de decidirse:

1. Debería sentirse lleno de energía y vitalidad en el espacio elegido.

2. Si ha encontrado un lugar que le gusta, intente averiguar su historia y la de sus inquilinos anteriores. Los espacios antiguos guardan recuerdos felices o tristes que pueden afectarle para bien o para mal. Todos los lugares, por esta razón, puesto que están influídos de formas o patrones de energía, tienen una personalidad que influirá en su vida y en sus actividades. Es necesario, por lo tanto, comprobar cómo se siente en el lugar. Si realmente le encanta, seguramente será favorable para usted. Si no le produce una sensación positiva, no racionalice lo que cree que son las ventajas; no lo escoja.

3. Si está buscando una casa en el campo, fíjese en de las características del terreno. Un lugar que quede expuesto por todos sus lados, sin colinas ni una masa de agua o árboles para protegerlo o, a la inversa, una casa situada sobre la cumbre de una colina o en un punto anormalmente ventoso, no retiene el *chi* ni el dinero, y es, por tanto, desaconsejable. Un lugar que esté encerrado o hundido, donde el aire no circule libremente, recibe *sha* y causa enfermedades. No es una buena idea tener una casa alineada con la calzada, por ejemplo, en un cruce en forma de «T» o «Y», o que el agua corra directamente hacia la entrada principal o se aleje de ella. También deben evitarse las vías férreas, el tendido telefónico y eléctrico, así como las antenas altas que sean claramente visibles desde sus puertas o ventanas.

4. El mejor lugar para una casa es entre las colinas y/o árboles, como si estuviera sentada en un sillón. Las colinas y los árboles deberían elevarse por detrás y hacia los lados izquierdo y derecho del terreno.

Los lados trasero, izquierdo, delantero y derecho suelen denominarse Tortuga Negra, Dragón Azul, Fénix Rojo y Tigre Blanco respectivamente. Tal como muestra la *figura 195*, mirando hacia fuera desde la puerta de entrada, la Tortuga Negra quedará a sus espaldas, el Dragón Azul a su izquierda,

(fig. 195)

el Fénix Rojo delante suyo y el Tigre Blanco a su derecha.

Lo ideal sería que la Tortuga Negra y el Dragón Azul se alzaran por encima del Tigre Blanco y que el Fénix Rojo no se alzara en absoluto. Éste debería ser un objeto interesante, un relieve distante. Si el Tigre Blanco y el Dragón Azul son iguales, la situación todavía es favorable. El Dragón Azul da vida y el Tigre Blanco la toma, o sea que si el Tigre Blanco se halla por encima del Dragón Azul y domina el lugar, la situación no será propicia.

Si la casa está situada de forma que tenga que subir una colina al salir esto puede ocasionarle graves bloqueos. Un aspecto aún más negativo, ya que sugiere indefensión, es cuando el terreno cae en pendiente por detrás de su casa.

Una casa situada sobre un terreno elevado con unas colinas detrás y un lago o río sinuoso delante de ella cuenta con la situación óptima. Es altamente propicio tener un río o arroyo que fluya por el lado del Tigre hasta el Dragón.

(*fig. 196*)

(*fig. 197*)

Si su casa está construida sobre un terreno abierto y llano, puede crear el *chi* de la Tortuga Negra, el Dragón Azul y el Tigre Blanco plantando árboles para proteger la casa y la propiedad.

5. La casa debería estar a una distancia cómoda de la carretera, ni demasiado lejos ni demasiado cerca. También tienen que haber árboles o arbustos que protejan la casa de la carretera, pero no deben ocultarla, ni tapar las ventanas y las puertas.

6. Los mejores terrenos son los que están equilibrados y tienen límites que se adaptan a las características de la tierra. Una parcela triangular es lo menos recomendable, ya que se asocia al Fuego. Para mitigar el aspecto negativo del triángulo, deberían plantarse árboles y arbustos para disimular y desdibujar las esquinas, tal como ilustra la *figura 196*. Asimismo, una parcela con una forma extraña o irregular puede tratarse con árboles y jardines, como puede verse en la *figura 197*.

7. Si está buscando un piso en la ciudad, fíjese siempre en el vecindario y los alrededores. Estudie si el edificio está situado cómodamente entre el resto de edificios, y si parece desprotegido o encerrado. Observe si el edificio está en armonía con los demás o sobresale por encima de ellos y les oprime el *chi*, o bien si, por el contrario, los demás se alzan por encima del edificio en cuestión y oprimen su *chi*.

8. Compare los elementos del edificio, su forma y su color, con las de los edificios circundantes. ¿Están los elementos del edificio en armonía con los demás? La discordia entre los elementos de las diferentes construcciones generará *sha* en el ambiente, lo cual puede derivar en condiciones negativas para quien resida en ellos. Compruebe que no haya otras fuentes de *sha*, tales como salientes, tejados o esquinas de edificios puntiagudos que apunten directamente a las ventanas del piso en cuestión.

9. Fíjese en el estado de los elementos estructurales del piso: la fontanería, el sistema de calefacción, la instalación eléctrica, el suelo, las paredes y la distribución de las habitaciones. ¿Está el piso insonorizado? ¿Son las paredes demasiado delgadas?

10. Según su lista de datos personales, si su constitución física es Yang, escoja un piso que sea Yin; y, a la inversa, si su constitución física es Yin, elija uno que sea Yang.

VIVIENDA YIN	VIVIENDA YANG
—Está ubicado a mitad de una manzana	—Da a una esquina
—Es una planta baja	—Es una planta alta
—Da a una calle tranquila	—Da a una avenida transitada
—Da a la parte de atrás	—Da a la calle

Tenga en mente las siguientes advertencias:

■ Un lugar con demasiadas puertas y ventanas, especialmente con ventanas que se juntan en las esquinas, no retiene el *chi* y no es tranquilo.

■ Las habitaciones de paso no ofrecen intimidad, reducen el espacio y dejan escapar el *chi*.

■ Las habitaciones pequeñas y cerradas son opresivas y producen angustia e irritación.

■ Es buen Feng Shui tener un cuarto de baño que dé a la entrada del piso, a una cocina o a otro cuarto de baño, o que esté en el centro de la vivienda.

■ Es mal Feng Shui que el dormitorio dé a la entrada del piso, a otro dormitorio o a la cocina.

EFECTUAR MODIFICACIONES

Reflexione tranquilamente antes de decidirse a modificar la forma de su casa. Cualquier añadido a la casa cambiará el equilibrio de su *chi*. Una ampliación que cree una forma irregular, a menos que esté integrada en un diseño global que afecte al paisaje y al jardín, lo único que logrará será alterar negativamente el *chi* de la casa y la fortuna de sus ocupantes.

Por el contrario, al hacer una ampliación puede aprovecharse para recomponer una forma irregular, como vemos en la *figura 198*. Normalmente, es mejor ampliar el ancho de la casa por sus alas, como en la *figura 199*, que ampliarlo en profundidad, como en la *figura 200*.

Tenga cuidado si cambia la puerta de entrada. La siguiente historia servirá para ilustrar esta cuestión.

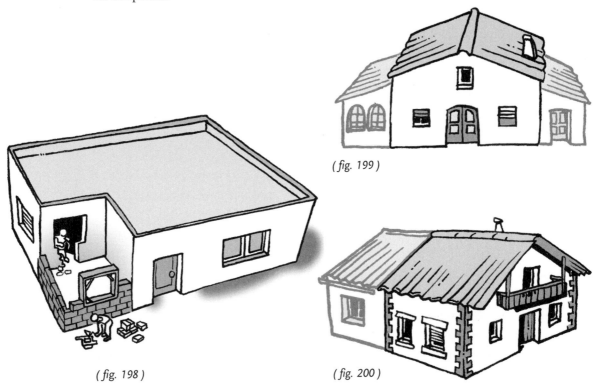

(fig. 199)

(fig. 198)

(fig. 200)

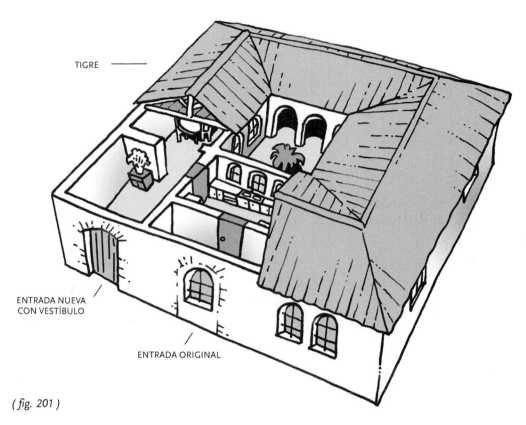

TIGRE

ENTRADA NUEVA
CON VESTÍBULO

ENTRADA ORIGINAL

(*fig. 201*)

CATHERINE

Hace algún tiempo fui a trabajar a una casa que había sufrido varias remodelaciones importantes. Catherine, su dueña, era diseñadora. Debido a que nunca le había gustado que la puerta de entrada diese directamente a la cocina, la cambió a un lado de la casa, como muestra la *figura 201*, y mandó construir un pequeño vestíbulo. También eliminó un techo que servía de soporte, con lo cual debilitó seriamente toda la estructura.

Cuando vi que Catherine había puesto la puerta de entrada en lado del Tigre de la ca-

sa, le pregunté si había sufrido algún accidente desde entonces. Me contestó que recientemente había tenido un accidente de coche y se había lesionado la espalda.

Para mitigar el daño que Catherine se había causado a sí misma, primero le recomendé que volviese a colocar el techo de soporte. Después, como la casa era bastante pequeña y poco profunda, le recomendé que recubriese de espejo toda la pared interior del lado del Tigre, tal como se muestra en la *figura 202*. Eligió un tipo de espejo os-

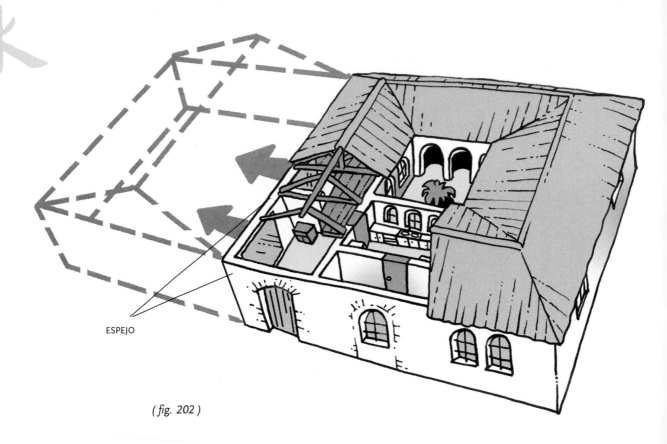

ESPEJO

(*fig. 202*)

curo y ahumado. Como puede verse en la línea de puntos, el espejo creaba la sensación de extensión y simetría, a la vez que situaba la puerta de entrada en el centro del espacio, en lugar de en un extremo.

Después de esto, dado que Catherine quería construir un jardín detrás de la casa con un estanque y un estudio, le recomendé que construyese un arroyo que fluyera por el lado del Tigre desde detrás de la casa, como en la *figura 203*. Esto neutralizaría la influencia adversa del Tigre y crearía un Dragón de Agua propicio alrededor de la casa para darle a su vida un *chi* altamente beneficioso.

Una vez completados todos estos cambios y modificaciones, el *chi* de la casa se transformó. Ahora no sólo había un bonito jardín en la parte de atrás, sino que en el interior de la casa también reinaba una agradable sensación. Esto hizo que Catherine se sintiese muy feliz y segura, y pudo relajarse y disfrutar de su nuevo entorno; su salud empezó a mejorar.

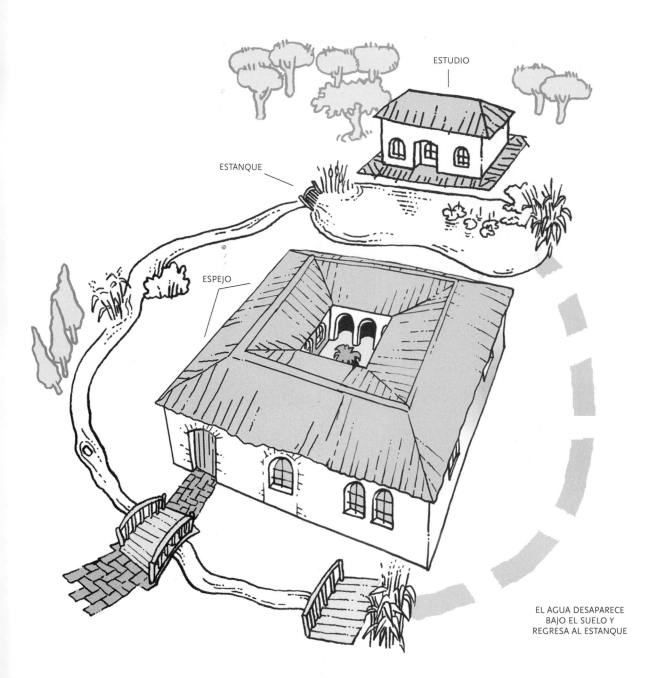

ESTUDIO

ESTANQUE

ESPEJO

EL AGUA DESAPARECE
BAJO EL SUELO Y
REGRESA AL ESTANQUE

(fig. 203)

CAPÍTULO 25

ADIVINACIÓN Y PURIFICACIÓN DEL ESPACIO

L a adivinación es el arte de comunicarse con las energías de la tierra, una forma de unión entre el conocimiento intuitivo y el pensamiento racional, o un modo de transformar las respuestas físicas naturales en información útil. La capacidad de adivinar es natural, es algo que todos nosotros poseemos. El arte de la adivinación puede aprenderse con relativa facilidad, sólo requiere un poco de práctica. Quizá desee probarlo; si lo hace, profundizará aún más en la práctica del Feng Shui.

La adivinación es una técnica que aprovecha las facultades naturales de la mente para detectar lo que no puede ser percibido por los cinco sentidos y el intelecto. Es una forma de descifrar las respuestas intuitivas para encontrar cualquier cosa a cualquier distancia, altura o profundidad. Se utiliza para localizar corrientes subterráneas, para analizar el estado del suelo, la tierra y las piedras, o para encontrar pozos, ruinas, cuevas subterráneas, túneles, desagües, cables, etcétera. También puede utilizarse para localizar

tuberías, cables de la instalación eléctrica y, en general, todo aquello que esté escondido detrás de las paredes.

Con demasiada frecuencia, los estresores subterráneos que provocan enfermedades y otros estados negativos escapan a nuestra observación. Es posible que haya oído acerca de gente que cae enferma justo después de trasladarse a un edificio en el que muchos de los inquilinos están enfermos. También hay historias de personas que, después de trasladar su negocio de un edificio a otro, han visto como éste fracasaba. Una vez trabajé con una tienda de comestibles que tenía la energía más pesada y agotadora que haya visto nunca. También había sufrido frecuentes atracos. Con la ayuda de la varilla de zahorí encontré un rayo nocivo que atravesaba el edificio. Al localizar la fuente de los infortunios, pude sanar la tienda neutralizando el rayo.

Su cuerpo siempre responde a las condiciones ambientales, por sutiles que sean, al igual que a las calidades, niveles y frecuencias

de energía subterránea. Para traducir estas respuestas corporales sutiles en información práctica –dirigida a transformar las condiciones negativas en positivas– deben tomarse dos medidas. La primera es el proceso mismo de adivinación con la varilla de zahorí; la segunda es formular preguntas relevantes.

LOS MÉTODOS

El Feng Shui utiliza tanto la adivinación sin instrumentos como la adivinación con diferentes medios, incluyendo el péndulo.

La adivinación sin instrumentos es una técnica básica de Feng Shui. Es la facultad de ser consciente de cómo se encuentra su cuerpo en un espacio determinado. En este método, su cuerpo se convierte en el instrumento de adivinación. Empiece con la observación del estado normal y cotidiano de su cuerpo; ésta es su posición neutra. Después compruebe cómo se siente en otros espacios. Con la práctica, notará que experimenta más energía y vitalidad en ciertos espacios, mientras que en otros se siente agotado. Incluso es posible que se sienta enfermo en algunos lugares.

El método de adivinación sin instrumentos puede perfeccionarse de forma que sea posible detectar estados de energía específicos a través de las manos o los pies. La técnica esencial es saber qué preguntar y confiar en sus respuestas intuitivas. Para ilustrar este punto, les contaré una experiencia personal: me encontraba paseando por el sótano de la casa de un cliente cuando se me ocurrió que tal vez hubiera un problema relacionado con el agua. Empecé a avanzar y retroceder por este espacio, y me preguntaba a cada paso si allí había agua . Después de recorrer toda el área, le dije al propietario de la casa que el agua estaba subiendo de debajo del sótano por dos lugares muy concretos, y que probablemente dentro de poco la bodega se inundaría. El dueño respondió que era imposible. Sin embargo, dos semanas más tarde, recibí una llamada telefónica. El agua estaba subiendo por el suelo del sótano precisamente por esas dos áreas.

La capacidad de adivinar con las manos, que está relacionada con la clarividencia o la percepción de auras, puede desarrollarse de manera espectacular. Mucha gente que practica *chi kung* (un sistema chino de ejercicios) o yoga tiene esta habilidad. Se puede desarrollar fácilmente a través de ejercicios como el siguiente:

Mantenga sus manos abiertas delante de un objeto como, por ejemplo, una planta, un árbol o una piedra; acérquese y aléjese de él para sentir su campo energético. Perciba las sensaciones sutiles y diferentes que recibe de cada objeto. Puede aplicar este método a paredes y suelos para ver dónde es más fuerte la energía y dónde es más débil, dónde más positiva y más negativa. También puede aplicar el método para averiguar por dónde circulan las corrientes de agua y las líneas de energía electromagnética subterránea.

Una técnica de adivinación con las manos algo mecánica, pero muy efectiva, es la que se propone a continuación.

Póngase de pie en una posición relajada y equilibrada. Extienda sus manos con las palmas hacia abajo, los antebrazos paralelos al suelo y los brazos y los hombros relajados. Camine lentamente hacia el objeto de su estudio. Cuando se aproxime a él, sus manos y antebrazos se levantarán unos pocos centímetros. Cuando lo haya rebasado, sus manos y antebrazos volverán a su posición inicial.

Hay un método alternativo que quizá le parezca más natural. Es igual que el anterior, pero al acercarse al objeto las manos descienden y al alejarse se levantarán nuevamente. El método que utilice es simplemente una cuestión de preferencias. Sin embargo, una vez haya hecho su elección, lo mejor es que no cambie.

Para ilustrar esta técnica, suponga que quiere encontrar una corriente de agua subterránea que fluye por algún punto de su jardín, césped o campo. Póngase en una de las posiciones de búsqueda comentadas. Empiece a andar serpenteando hacia delante y hacia atrás hasta cubrir toda el área; marque el lugar en el que sus brazos se levanten o caigan. Conecte entre sí todos los puntos que ha marcado y obtendrá el trazado de la corriente.

EL PÉNDULO

Para una mayor precisión, muchos adivinadores prefieren trabajar con el péndulo.

Cuando empiece a experimentar con el péndulo, notará que cuanto menor es la longitud del hilo, más rápido se balancea y gira. El hilo del péndulo puede oscilar entre 5 y 18 cm, según prefiera.

La técnica del péndulo es bastante simple. Primero es necesario decidir como trabajará con él. Preste atención a lo que siente cuando cuelga inmóvil, cuando se balancea hacia delante y hacia atrás, de un lado a otro y en diagonal, así como cuando gira en el sentido de las agujas del reloj o en el sentido contrario.

Sujete el hilo o cadena entre el pulgar y el dedo índice y deje que el péndulo cuelgue

inmóvil. Entonces diga, «Muéstrame mi posición de inicio». El péndulo se quedará quieto o empezará a balancearse hacia delante y hacia atrás. Repítalo varias veces. Debería obtener la misma respuesta. Si obtiene respuestas diferentes, decídase por una de ellas, diciendo: «Ésta es mi posición de inicio». Después, diga, «Muéstrame el sí. ¿Qué es el sí?». Oscilará de un lado a otro, o girará en el sentido de las agujas del reloj o a la inversa. Acto seguido dígale, «Muéstrame el no. ¿Qué es el no?». Si se ha balanceado de adelante hacia atrás para el sí, oscilará de un lado a otro para el no. Si se puso a girar para el sí, también lo hará para el no, pero en sentido contrario. Por último, debe decir, «Enséñame qué queda fuera de la línea. ¿Qué queda fuera de la línea?». El péndulo puede hacer un sinfín de cosas. Tal vez permanezca en la posición inicial o se balancee en diagonal. Obsérvelo con atención para determinar cuál es la señal. Obtendrá la respuesta «fuera de línea» cuando su línea de preguntas sea confusa, demasiado vaga o se desvíe del tema.

Estos pasos iniciales le servirán para establecer un código, o sistema de respuestas, con cualquier péndulo que utilice. Cada péndulo es único y sus respuestas pueden y suelen variar. Es posible que prefiera trabajar con uno y no con otro.

Todas las preguntas que le haga al péndulo deben ser simples y concisas. Tienen que formularse de modo que la respuesta sea sí o no. Las preguntas complejas deben ser analizadas y desglosadas en preguntas simples.

Puede organizar su línea de preguntas yendo de lo general a lo específico; deje que la respuesta a una pregunta sea la base para la siguiente o vaya directamente al grano y confíe en su intuición.

Cualquiera que sea el método de interrogación que decida usar, en todo caso debe saber qué quiere preguntar. Esto implica saber qué es lo que le interesa. Si está interesado en aplicar este tipo de adivinación a la horticultura, por ejemplo, necesitará unos conocimientos prácticos sobre las plantas y la tierra para poder formular las preguntas adecuadamente. Si le interesa detectar y mitigar el *sha* subterraneo, prosiga con la lectura de este libro.

Hay un protocolo para la adivinación con péndulo que siempre debería seguirse. Antes de empezar con las preguntas, es necesario preguntarle al péndulo «¿Puedo explorar esto?» o «¿Puedo buscar esto?», etcétera. Si no obtiene respuesta, no trate de forzarla. Espere a un momento más propicio para preguntar. La clave de la adivinación es la confianza.

Los siguientes principios le ayudarán a desarrollar esta técnica:

1. La adivinación es buscar. Su curiosidad es lo que la guía.
2. Las respuestas llegan de forma espontánea. No permita que interfieran los procesos racionales. Deje que surjan por sí mismos.
3. Tiene que haber un deseo genuino de conocer la verdad.
4. Sea arriesgado y explore.
5. Tenga confianza en sus posibilidades.
6. Sea abierto. Las ideas preconcebidas pueden situarle en un mundo de ensueño o impedirle la adivinación.

Hay siete obstáculos que entorpecen una adivinación precisa:

1. Dudar de que funcione.
2. Dudar de que sea capaz de hacerlo.
3. Falta de atención.
4. Falta de interés en el tema que investiga.
5. Falta de conocimientos sobre el tema de su búsqueda, o el no saber qué preguntar.
6. Sus deseos, ya que lo que quiere ver puede adulterar la verdad.
7. Tener miedo a encontrar la verdad.

LA ADIVINACIÓN DEL SHA SUBTERRANEO

Si entra o vive en un sitio que le parece pesado o deprimido, o si la mayor parte del tiempo que pasa en él se siente enfermo o angustiado, intente averiguar si esta sensación tiene alguna conexión con el *sha* subterráneo o energía nociva.

Lo primero que tiene que hacer es sintonizar con el estado de energía subterráneo. Decida cómo organizar su línea de preguntas. Asegúrese de que sus preguntas sean claras y simples. Escríbalas, si lo desea. Hecho esto, relájese durante un minuto aproximadamente antes de empezar la adivinación. Su primera pregunta debería ser «¿Hay *sha* aquí?». Si recibe una respuesta afirmativa, entonces debería preguntar si es subterráneo o no, o si procede de recuerdos negativos. También puede preguntar si el *sha* se encuentra en forma de rayo nocivo o campo de fuerza negativo. Acto seguido, puede investigar sus causas. Su origen puede estar en una corriente o un cruce de corrientes subterráneas, un pozo, una cueva, una roca afilada, una arista que apunta hacia arriba desde debajo del suelo, una grieta, una falla geológica, condiciones adversas de la tierra, la cepa de un árbol o incluso en la contaminación subterránea.

Si descubre que hay un rayo nocivo, deberá averiguar por dónde entra en su espacio. Puede tomar para ello el plano de su casa. La forma más fácil de hacerlo es con el

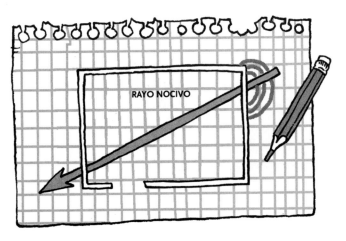

(*fig. 204*)

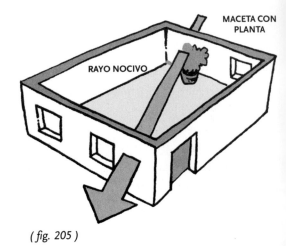

MACETA CON PLANTA

RAYO NOCIVO

(*fig. 205*)

péndulo en una mano, mientras con el dedo índice de la otra señala el contorno del plano de su casa. No importa por dónde empiece. Vaya siguiendo lentamente el contorno con el dedo y pregunte: «¿Entra por aquí? ¿Entra por allá?» Hasta que el péndulo le dé un claro «sí».

El antídoto más sencillo para este problema relativamente común es dibujar tres arcos concéntricos con tinta azul —o con un lápiz del mismo color— alrededor del punto por donde entra el rayo, como puede verse en la *figura 204*. Realmente funciona.

Otro modo de contrarrestar los rayos nocivos —que también funciona con los campos de fuerza negativos— es pegar una copia del plano de su casa en una tabla o cartulina que no se doble. A continuación, deberá tomar un alambre de cobre y pegarlo siguiendo todo el contorno del plano de su casa, pero no una los extremos del alambre; éstos no deben tocarse. El alambre debe quedar un poco corto. Una vez hecho esto, ponga el plano a buen recaudo.

Otra cura para los rayos nocivos, que dependerá de la luz del espacio, consiste en colocar una maceta con una planta en el lugar por donde entra el rayo, como en la *figura 205*, y enrollar hacia arriba un alambre de cobre, empezando por la parte externa de la maceta; nos aseguraremos de que queda firmemente fijado con cinta adhesiva.

Un método que a veces funciona en los lugares construidos sobre una corriente subterránea, es poner macetas con plantas sobre el curso de la corriente. Éstas absorberán el agua y la convertirán en *chi* para que el lugar sea más saludable.

Si vive en el campo y encuentra *sha* subterráneo conectado a una línea de energía electromagnética, puede rastrearla hasta el punto de donde emane la energía negativa o, como mínimo, hasta un punto donde pueda tratarla. Tal vez sea un punto donde se cruzan dos líneas. Cuando haya localizado el lugar exacto, puede transformar el *chi* clavando en el suelo un palo de hierro, una barra de acero o un tubo de unos 90 cm de largo; otra posibilidad es plantar varios árboles alrededor del punto, o formar un círculo o espiral con rocas alrededor del mismo; en este último caso, la disposición de las rocas debe ir en el sentido opuesto a las agujas del reloj.

El método de adivinación de corrientes subterráneas y líneas de energía con el plano es similar al utilizado para encontrar los rayos nocivos. La única diferencia es que debe explorar toda el área, no sólo el contorno. La forma más sencilla de hacerlo es dibujar primero una cuadrícula sobre el plano de su casa o de la propiedad. Cuanto más pequeña

la cuadrícula, más precisos serán sus hallazgos. Señalando en orden cada uno de los cuadrados, pregunte: «¿Está aquí? ¿Está aquí?» Al final aparecerá un dibujo.

Una cura que he utilizado para los rayos de alta frecuencia que entran por la pared, consiste en encontrar el punto de entrada y colocar allí un gran cántaro lleno de piedras.

No importa qué material emplee para la cura, utilice la adivinación para averiguar si es apropiado o no.

La base de una buena adivinación puede resumirse en tres pasos:

1. Formular las preguntas de forma clara.
2. Sintonizar profundamente con en el objeto de su búsqueda.
3. Dejarse guiar por su intuición.

PURIFICACIÓN DEL ESPACIO: CURACIÓN DE LA MEMORIA NEGATIVA

Si descubre que su espacio retiene un episodio negativo, puede utilizar la adivinación para averiguar lo que es. Las ciudades están llenas de ellos. Estos residuos están causados por cualquier tipo de tragedia y sufrimiento humano, incluyendo la violencia, el divorcio, la ruina financiera, las enfermedades u otras visicitudes. A mayor escala, tenemos los cementerios, los campos de batalla, un viejo campo de ejecución —como Washington Square en

Nueva York– o una antigua prisión como la Bastilla de París. Para limpiar los recuerdos negativos se realizarán ejercicios de purificación.

El entorno, en un sentido profundo, es la proyección mental colectiva de incontables seres sensibles. Por tanto, las acciones para purificar y bendecir el entorno deben hacerse de forma totalmente desinteresada y compasiva.

El ejercicio que se expone a continuación constituye una excelente técnica de purificación ambiental. Debe llevarse a cabo con intenciones puras, de forma desinteresada, y con amor y compasión. Esta técnica se llama «Dar y recibir». Es mejor sentarse en una posición de meditación, aunque también puede estar de pie, andar o estirarse.

Aspire hondo y llene el centro de su corazón con toda la memoria negativa, todo el sufrimiento que percibe en su entorno. Visualice cómo el sufrimiento se vuelve azul oscuro en el centro de su corazón. Acto seguido, a medida que expire, transforme la energía negativa, o luz azul oscura, en una luz blanco diamante. Expire esta luz blanca diamante y colme el entorno con ella. Su respiración no tiene que ser profunda. Debería ser natural y cómoda. No se fuerce. Su poder de concentración es lo más importante.

El tiempo requerido para llevar a cabo este ejercicio dependerá de su intuición. Cuando se sienta completo, simplemente déjelo, y dedique su práctica a la alegría y contento de todos los seres sensibles del universo.

EPÍLOGO

En mis diez años de práctica profesional he visto una y otra vez cómo mis clientes se centraban en sus hogares y su entorno, y efectuaban cambios según los principios del Feng Shui que mejoraban su calidad de vida.

Las raíces taoístas, de las cuales el Feng Shui es parte integral, van mucho más allá de la historia y cultura chinas; proceden de un mundo del que poco sabemos. Sin embargo, la práctica de los principios eternos de estas artes pueden ayudarnos a vivir en armonía con los ritmos del universo y permitirnos recibir las bendiciones de larga vida, felicidad y abundancia.

El estado de nuestro entorno depende en última instancia de cómo nos relacionemos. Las condiciones ambientales saludables y placenteras surgen de forma natural cuando cultivamos la conciencia pura y la ecuanimidad en nosotros mismos y, al mismo tiempo, practicamos la amabilidad y compasión hacia los demás.

Les deseo suerte en la utilización de este libro. Si necesitan ayuda o tienen ideas o experiencias con relación al Feng Shui que deseen compartir, pueden escribirme a la siguiente dirección:

T. Raphael Simons, 545 8th avenue, Suite 401, New York, NY 10018.

APÉNDICES

LOS CINCO ELEMENTOS

ELEMENTO	ESTACIÓN	FORMA	COLOR	DIRECCIÓN ESPACIAL
Agua	Invierno	Ondulante, asimétrica	Negro, azul marino	Norte
Madera	Primavera	Rectangular	Verde, azul claro	Este, sudeste
Fuego	Verano	Triangular	Rojo, púrpura	Sur
Tierra	Finales de verano	Cuadrada, plana	Amarillo	Sudoeste, centro, nordeste
Metal	Otoño	Redondas, ovaladas	Blanco	Oeste, noroeste

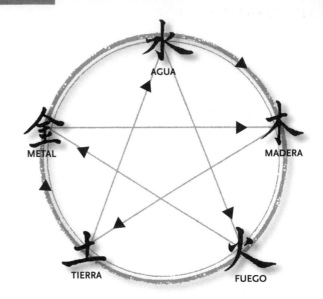

LOS TRES CICLOS

EL CICLO DE GENERACIÓN

El Agua genera la Madera

La Madera genera el Fuego

El Fuego genera la Tierra

La Tierra genera el Metal

El Metal genera el Agua

EL CICLO DE DESTRUCCIÓN

El Agua destruye el Fuego

El Fuego destruye el Metal

El Metal destruye la Madera

La Madera destruye la Tierra

La Tierra destruye el Agua

EL CICLO DE MITIGACIÓN

El Agua mitiga el conflicto entre el Metal y la Madera

La Madera mitiga el conflicto entre el Agua y el Fuego

El Fuego mitiga el conflicto entre la Madera y la Tierra

La Tierra mitiga el conflicto entre el Fuego y el Metal

El Metal mitiga el conflicto entre la Tierra y el Agua

LOS OCHO PUNTOS

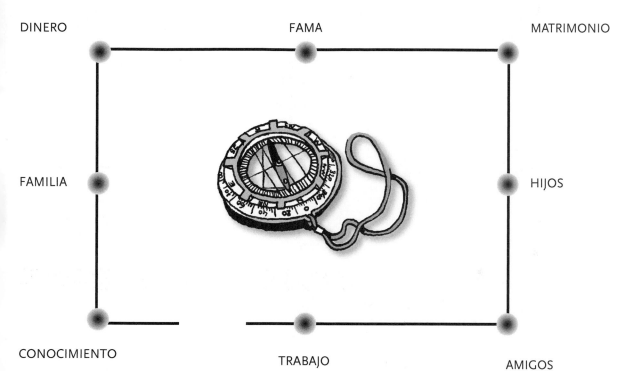

DINERO

FAMA

MATRIMONIO

FAMILIA

HIJOS

CONOCIMIENTO

TRABAJO

AMIGOS
(VIAJES, RELACIONES PERSONALES)

LAS ESTRELLAS DE LA SUERTE

ESTRELLA	COLOR	DIRECCIÓN ESPACIAL
AGUA 1	Blanco	Norte
TIERRA 2	Negro	Sudoeste
MADERA 3	Verde jade	Este
MADERA 4	Verde	Sudeste
TIERRA 5	Amarillo	Centro
METAL 6	Blanco	Noroeste
METAL 7	Rojo	Oeste
TIERRA 8	Blanco	Nordeste
FUEGO 9	Púrpura	Sur

LAS NUEVE ESTRELLAS DE NACIMIENTO

ESTRELLA	COLOR	DIRECCIÓN ESPACIAL PRINCIPAL	DIRECCIONES ESPACIALES ARMONIOSAS
AGUA 1	Negro, azul marino	Norte	Oeste, noroeste, este, sudeste
TIERRA 2	Amarillo	Sudoeste	Oeste, noroeste, nordeste, sur
MADERA 3	Verde, azul claro	Este	Norte, sudeste, sur
MADERA 4	Verde, azul claro	Sudeste	Norte, este, sur
TIERRA 5	Amarillo	Centro	Sudoeste, oeste, noroeste, nordeste, sur
METAL 6	Blanco	Noroeste	Sudoeste, oeste, norte, nordeste
METAL 7	Blanco	Oeste	Sudoeste, noroeste, norte, nordeste
TIERRA 8	Amarillo	Nordeste	Sudoeste, oeste, noroeste, sur
FUEGO 9	Rojo, púrpura	Sur	Este, sudeste, sudoeste, nordeste